CW0054251B

IMPARA COME EINSTEIN

Segreti e tecniche per imparare qualsiasi cosa, sviluppare la creatività e scoprire il Genio che è in te

Roberto Morelli

Sommario

Prima di iniziare la lettura, inquadra il seguente QR Code per scaricare un libro **gratuito** intitolato "I 7 Segreti della Comunicazione Persuasiva".

Una breve guida pratica in grado di darti le conoscenze necessarie per migliorare le tue abilità comunicative, perfettamente complementare al libro che stai per leggere.

Scaricarla è semplicissimo: prendi il tuo smartphone e inquadra questo codice QR con la fotocamera.

Introduzione

Dalla vita e dall'opera di Albert Einstein, e della maggior parte degli altri geni della storia, si possono ricavare consigli pratici che chiunque può sfruttare per imparare più velocemente, aumentare la propria attenzione, sviluppare la creatività o migliorare le proprie capacità di memorizzazione.

In fondo, se ci pensi bene, in un mondo nel quale esistono la teoria della relatività, Shakespeare e una rete mondiale di supercomputer che si collegano in un istante, non sarà poi così difficile trovare persone in grado di imparare cose difficili in modo estremamente rapido.

Per nostra fortuna, i geni dietro questi tipi di prodezze intellettuali sbalorditive sono stati più che disposti a condividere i loro consigli con il resto del mondo.

Einstein, in particolare, ha rivoluzionato il modo in cui concepiamo il mondo che ci circonda, ma non lo ha fatto sminuendo il suo lavoro e affrontandolo senza gioia. Secondo Einstein, grandi sforzi mentali e divertimento vanno di pari passo, e più ti diverti ad imparare, più velocemente è probabile che tu recepisca le informazioni necessarie e faccia progressi.

Nel 1915, Einstein diede il seguente consiglio a suo figlio di 11 anni, Hans Albert, che stava cercando di padroneggiare l'arte di suonare il piano: "Sono molto contento che il piano ti dia gioia... suona ciò che ti piace, anche se l'insegnante non ti assegna quel pezzo. Questo è il modo per imparare velocemente: quando fai qualcosa di così divertente che non noti neanche il tempo che passa, quando lavori e ti dimentichi di andare in pausa pranzo."

Come ti sentiresti se le persone pensassero che tu fossi la persona più intelligente della storia? Come potrebbe essere diversa la tua vita se tu fossi così intelligente? Sebbene spesso pensiamo ad Albert Einstein come a una delle persone più intelligenti di sempre, vale la pena indagare su cosa lo abbia reso tale. Le persone che parlano bene di lui spesso attribuiscono il suo genio a qualche dono innato e misterioso. Non credono che la sua intelligenza derivi da un certo atteggiamento nei confronti dell'apprendimento. Invece, chiunque può ricreare alcune delle sue abitudini per diventare più intelligente e, ad esempio, trovare un lavoro più gratificante.

Ma prima di iniziare ad analizzare Einstein e il suo genio, consideriamo alcuni fatti interessanti sulla sua vita. Questi prepareranno il terreno affinché possiamo apprezzare un po' di più la sua filosofia educativa, e vedere le cose nella giusta prospettiva.

- Sebbene lavorasse nello stimato settore dell'ingegneria, il padre di Einstein fallì in diverse iniziative imprenditoriali e dovette essere supportato economicamente dai parenti.

- Quando il padre di Einstein chiese al preside di suo figlio quale professione il ragazzo dovesse scegliere, il preside disse: "Non importa; non riuscirà mai a far nulla".

- Einstein ha fallito il suo primo esame di ammissione presso la facoltà universitaria svizzera che voleva frequentare.

- Alcuni amici di famiglia dissero ai genitori di Einstein: "Quel giovane non farà mai niente di buono perché non ricorda mai nulla".

- Dopo essersi laureato all'università, a Einstein fu negata una posizione di insegnamento di basso livello (invece, alcuni suoi compagni ottennero buoni posizioni nel campo dell'insegnamento).

- Molti scienziati e professori hanno rifiutato le sue richieste di lavorare per loro.

Einstein ha lottato per alcuni anni anche per trovare un lavoro dignitoso e alla fine ha iniziato a lavorare come esaminatore di brevetti governativi di terza classe.

Questi fatti rappresentano solo un assaggio dell'ironia che caratterizza la sua vita. Guardando indietro - alla luce del suo genio alla fine riconosciuto - questi fatti sembrano persino divertenti. Ma tienilo a mente. Le caratteristiche che le persone hanno etichettato come punti deboli nel giovane Einstein, si sono rivelate quelle di cui ha successivamente avuto bisogno per distinguersi come genio.

Pensa a tutte le persone etichettate da insegnanti e psicologi come affette da disturbo da deficit di attenzione/iperattività ai nostri tempi. Sii consapevole che molte delle persone che realizzeranno di più in futuro, non stanno andando così bene a scuola in questo momento! Chiunque può diventare un genio. Dipende dalle scelte che facciamo, da come decidiamo di trascorrere il nostro tempo e da come troviamo le risorse di cui abbiamo bisogno per diventare migliori.

Einstein ha letto e studiato molto; ha lavorato duramente per le sue passioni e sui suoi interessi. Questi sono elementi fondamentali per il successo di chiunque. Tuttavia, dopo aver eseguito uno studio approfondito della vita e degli scritti di Einstein, sono state identificate ulteriori abitudini sviluppate da questo genio, abitudini che lo hanno portato a eccellenti risultati intellettuali. Le analizzeremo assieme nel corso del libro.

1. Einstein: un genio dalla filosofia unica

1.1 Chi è Albert Einstein?

Albert Einstein annunciò il suo più grande successo, la teoria generale della relatività, a Berlino più di un secolo fa, il 25 novembre 1915. Per molti anni quasi nessun fisico riuscì a comprenderla. Ma dagli anni '60, dopo decenni di controversie, la maggior parte dei cosmologi ha considerato la relatività generale come la migliore spiegazione disponibile, se non la descrizione completa e l'unica che avesse davvero senso, della struttura dell'universo osservato, inclusi i buchi neri.

Eppure anche oggi quasi nessuno, a parte gli specialisti, comprende la relatività generale - a differenza di teorie più famose come quella della selezione naturale di Darwin. Allora perché Einstein è lo scienziato più famoso e citato (anche in modo errato) del mondo - molto più di, ad esempio, Isaac Newton o Stephen Hawking - nonché un sinonimo universale di genio?

La fama di Einstein è davvero sconcertante. Quando tenne conferenze sulla relatività generale all'Università di Oxford nel 1931, il pubblico accademico riempì la sala solo per allontanarsi poco dopo, sconcertato dalla sua matematica e dal suo tedesco, lasciando solo un piccolo nucleo di esperti. Successivamente, un addetto alle pulizie cancellò le equazioni dalla lavagna (anche se per fortuna una lavagna è stata salvata ed è esposta nel Museo di Storia della Scienza di Oxford).

Tuttavia, quando Einstein e sua moglie apparvero come ospiti personali di Charlie Chaplin alla première del 1931 del film *City Lights* a Los Angeles, dovettero destreggiarsi tra folle frenetiche e incoraggianti (sulle quali, in precedenza, la polizia aveva minacciato di usare gas lacrimogeno). L'intero cinema si alzò in loro onore. Un Einstein un po' sconcertato chiese a Chaplin cosa significasse tutto questo. "Tutti mi incoraggiano perché mi capiscono e incoraggiano te perché nessuno ti capisce", scherzò Chaplin.

Negli anni '40 Einstein disse a un biografo: "Non ho mai capito perché la teoria della relatività, con i suoi concetti e problemi così lontani dalla vita pratica, abbia causato per così tanto tempo una vivace, o addirittura appassionata, risonanza tra ampie parti del pubblico... Non ho mai ancora sentito una risposta davvero convincente a questa domanda." A un intervistatore del New York Times, ha chiesto in modo disarmante: "Perché nessuno mi capisce, eppure a tutti piaccio?"

Parte del motivo della fama di Einstein è sicuramente il fatto che il suo primo, e più noto, successo – la teoria della relatività del 1905 – sembrava uscito di punto in bianco, senza alcun risultato precedente. Come per Newton (ma diversamente da Charles Darwin), non c'erano persone famose e distinte nella sua famiglia. Non eccelleva particolarmente né a scuola né all'università (a differenza di Marie Curie); infatti, non riuscì a ottenere una posizione presso l'università dopo la laurea. Non faceva parte dell'establishment scientifico e lavorava principalmente da solo. Nel 1905 stava lavorando come un semplice impiegato dell'ufficio brevetti, con un bambino appena nato. Il fatto che abbia creato la teoria della relatività rappresenta un'apparente e improvviso scoppio di genio, che incuriosisce inevitabilmente tutti.

Un ulteriore motivo della fama di Einstein è che era attivo in molti campi oltre alla fisica, in particolare in politica e in religione (si interessava anche di sionismo). È noto a questo proposito per la sua aperta opposizione alla Germania nazista dal 1933, per il suo sostegno privato alla costruzione della bomba atomica nel 1939 (questione comunque controversa, la approfondiremo nel prossimo paragrafo) e per le sue critiche pubbliche alla bomba all'idrogeno e al maccartismo negli anni '50 (l'FBI di J. Edgar Hoover lanciò prontamente un'indagine segreta su di lui). Nel 1952, gli fu offerta la presidenza di Israele, che rifiutò non sentendosi all'altezza.

Chiaramente, la turbolenta vita di Einstein e le sue coraggiose posizioni affascinano molte persone che pur sono confuse dalla relatività generale. Secondo Bertrand Russell, "Einstein non era solo un grande scienziato, era un grande uomo". Jacob Bronowski propose che "Newton è il dio dell'Antico Testamento; Einstein è la figura del Nuovo Testamento... piena di umanità, pietà, un senso di enorme empatia".

Arthur C. Clarke credeva che fosse "la combinazione unica di genio umanista, pacifista ed eccentrico di Einstein" che lo rendeva accessibile - e persino adorabile - a decine di milioni di persone. Richard Dawkins si definisce "indegno di indossare le scarpe di Einstein... Condivido volentieri la sua magnifica magnificenza senza Dio".

Una tale combinazione di genialità solitaria, integrità personale e attivismo pubblico è rara tra gli intellettuali. Quando si aggiunge il dono di Einstein per l'aforisma arguto quando si tratta di stampa e pubblico, la sua fama unica non sembra più così sconcertante.

Dopotutto, chi poteva non rimanere affascinato dal suo popolare riassunto della relatività: "*Un'ora seduto con una bella ragazza su una panchina del parco passa in un minuto, ma un minuto seduto su una stufa calda sembra un'ora*".

E ancora: "*Per punirmi per il mio disprezzo dell'autorità, il Fato mi ha reso un'autorità.*"

Curiosità

Non basterebbe un intero libro per approfondire le mille sfaccettature della personalità di Albert Einstein. Proverò comunque, attraverso il racconto di qualche aneddoto e curiosità, a offrire un'immagine quanto più eterogenea del grande genio di origine tedesca. Perché questo Einstein è stato: eterogeneo, poliedrico, multiforme... un intelletto difficile da limitare in uno spazio ben definito.

1. L'amore per la filosofia

Einstein era un appassionato di filosofia. Possiamo del resto considerare filosofo lui stesso, dal momento che ha contribuito al sapere nella sua forma più generale. Grande estimatore del suo connazionale Arthur Schopenhauer, Einstein si rivolgeva alla filosofia per trovare una visione in grado di legare tutto il reale, di ricondurre tutto a leggi universali. Questo fu ciò che egli stesso provò in effetti a fare, tramite la fisica.

Einstein si interrogò su praticamente tutti i quesiti fondamentali per l'uomo. Parte della sua filosofia è raccolta nell'opera *"Come io vedo il mondo"*, una collezione di saggi risalenti alla prima parte della vita di Einstein e che possono soddisfare la curiosità di chi è affascinato dalla personalità del grande genio.

2. Il pacifismo

Einstein si ritrovò letteralmente in mezzo alla seconda guerra mondiale. Quando Hitler salì al potere in Germania, egli si trovava in Belgio, durante un lungo viaggio di ritorno dagli Stati Uniti al suo paese di origine. Dopo attenta riflessione, scelse di invertire la rotta e tornare negli Stati Uniti, paese dove trovò rifugio e che non lasciò più fino alla morte.

Egli era uno strenuo oppositore del regime nazista e, più in generale, di qualsiasi dittatura: Einstein fu l'unico di un gruppo di celebri fisici a rifiutare la partecipazione a una conferenza in programma a Como, per ribadire la sua opposizione al regime fascista di Benito Mussolini.

La sua ammirazione per Gandhi è nota: egli lo riteneva un genio politico dei nostri tempi e rimase profondamente colpito e affascinato dalle sue teorie. L'opposizione non-violenta di Gandhi colpì a tal punto la mente di Einstein che egli stesso si espresse più volte in tal senso, sostenendo che l'uomo dovrebbe ripudiare qualsiasi forma di guerra e "limitarsi" a esprimere il proprio dissenso in questa maniera. Einstein in ciò era molto intransigente: non prendeva parte a nulla che non condividesse.

Come si spiega allora la sua presunta partecipazione alla costruzione della bomba atomica?

3. La questione atomica

Molto semplicemente: Einstein non caldeggiò mai la costruzione della bomba atomica da parte degli americani. Anzi, si pentì amaramente di aver appoggiato le ricerche americane in tal senso alla fine degli anni Trenta. Lo scopo di Einstein era uno soltanto: impedire che i tedeschi entrassero in possesso della tecnologia necessaria a costruire ordigni che, secondo lui, avrebbero potuto decretare la fine dell'umanità. Per questo motivo, non appena venne a conoscenza del fatto che la Germania nazista stava effettuando ricerche in tal senso, pensò di rivolgersi – assieme ad altri noti fisici – al presidente Roosevelt affinché la grande potenza degli Stati Uniti potesse mettere in campo il suo potenziale per sviluppare una ricerca in tal senso, con il solo fine di ostacolare gli eventuali sviluppi tedeschi.

Dopo la fine della seconda guerra mondiale, Einstein dichiarò pubblicamente che se avesse saputo che i tedeschi non sarebbero mai stati in grado di produrre una bomba atomica, non avrebbe mai caldeggiato la ricerca in tal senso da parte degli Stati Uniti. Einstein – e gli altri firmatari della lettera rivolta al presidente Roosevelt – voleva solo arginare l'iniziativa tedesca, cercando di comprendere meglio le loro ricerche per poter anticipare (e boicottare) le loro mosse.

Prova ne è che nel 1955 Einstein assieme al filosofo Bertrand Russell presentò una dichiarazione favorevole al disarmo nucleare di tutte le potenze: la Guerra Fredda era appena iniziata e il grande fisico ne intuiva tutte le possibili nefaste implicazioni per l'umanità. L'esistenza stessa delle armi nucleari era un pericolo per l'umanità e il gruppo di scienziati chiedeva a gran voce che tutte le potenze mondiali decidessero semplicemente di rinunciarvi.

L'amore per la scienza

L'opera di Einstein, come abbiamo già visto, non si limitò al campo della fisica. Egli scrisse poco meno di 500 articoli nel corso della sua esistenza, la maggior parte scientifici. Negli anni Trenta lavorò addirittura al brevetto per un refrigeratore funzionante solo con acqua, ammoniaca e butano (una "macchina frigorifera ad assorbimento-diffusione"). Il suo amore per la scienza a tutto tondo è innegabile, ribadito in occasione della sua morte quando dichiarò la volontà di devolvere il suo corpo alla ricerca scientifica.

Detto, fatto: durante l'autopsia fu rimosso il cervello, conservato per anni intatti e approfonditamente studiato, in seguito diviso in numerose parti e inviato ad altrettanti ricercatori affinché potessero studiarlo a loro volta.

1.2 Che cosa possiamo imparare da Einstein?

Ogni tanto, nel mondo nasce un uomo che è in grado di vedere l'universo in un modo nuovo, la cui visione sconvolge le basi stesse del mondo come lo conosciamo.

Albert Einstein aveva 22 anni quando attraversò da solo a piedi le Alpi. Nel suo percorso attraverso le montagne desiderava ardentemente afferrare il disegno nascosto, i principi nascosti della natura. In tutti gli ambiti della sua vita, Einstein avrebbe cercato l'armonia, non solo nella sua scienza ma anche nel mondo degli uomini.

Il mondo voleva conoscere Albert Einstein e tuttavia lui rimase un mistero per coloro che vedevano solo il suo volto pubblico, e forse anche per sé stesso. Tuttavia, ci sono alcune lezioni di vita pratica che possono rivelare il modo di pensare e formulare teorie di Einstein, che possiamo utilizzare tutti nella nostra vita quotidiana.

Segui la tua curiosità

"Non ho un talento speciale. Sono solo appassionatamente curioso". Ciò che Einstein sta cercando di trasmettere con questo messaggio è che la curiosità è per lui sempre in primo piano in tutti i settori della vita. Potremmo dire che siamo curiosi, ma spesso ci arrendiamo immediatamente quando abbiamo bisogno di superare degli ostacoli per rispondere ai punti interrogativi e soddisfare la nostra curiosità.

Segui la tua curiosità, qualunque essa sia. Andrà infinitamente sempre più in profondità. Questo è ciò che ci divide dall'essere mediocri. proprio grazie alla sua curiosità, Einstein ha scavato in luoghi dove nessuno prima di allora pensava che i miracoli si potessero trovare.

Continua a scavare anche tu e rispondi a tutte le domande lungo il percorso. Rimarrai stupito di come la vita possa essere straordinaria se affrontata con continua curiosità.

La perseveranza non ha prezzo

"Non è che io sia così intelligente; è solo che insisto sui problemi più a lungo".

Oltre a Einstein, tutte le ricerche fatte in precedenza (soprattutto su persone di grande successo), dimostrano che la perseveranza è ciò che li ha portati ad effettuare le loro scoperte principali.

Si dice che ogni problema a cui si possa pensare abbia almeno una soluzione. Se continuiamo a riflettere sul problema, analizzandolo e "scomponendolo" da ogni angolazione, scopriremo almeno una soluzione.

Quindi, qualunque problema al quale tu possa pensare, che sia ponderabile, può sempre essere superato: qualsiasi cosa può essere risolta se il tuo carattere persevera abbastanza. Non rinunciare mai ai tuoi problemi irrisolti.

Fare errori

"Una persona che non ha mai commesso neanche un errore non ha mai provato nulla di nuovo."

Questo significa che dovremmo aggredire con forza le paure e le incognite. Potremmo voler andare a lavorare a Milano, ma non scopriremo mai come ci si sente a lavorare a Milano se restiamo ad Ancona.

Abbi il coraggio di scoprire e il coraggio di sbagliare. Questo è ciò che divide le persone dal successo e dal fallimento. Non imparerai mai a conquistare le tue debolezze se non osi provare, senza timore di sbagliare.

Crea valore

"Non sforzarti di avere successo, ma piuttosto sforzati di avere valore."

Molte persone interpretano la parola "successo" in modo errato. Successo non è solo essere ricchi e avere una grande azienda che funziona perfettamente. Il successo consiste in tutto ciò menzionato finora, passo dopo passo, finché saremo in grado di apprezzare quelle cose mentre le creiamo e le sosteniamo.

Una persona di valore ispira gli altri a vivere nel modo giusto e a fare la cosa giusta. Vivi secondo i tuoi valori religiosi, filosofici o spirituali. Una persona di valore ha etica, moralità, decenza, integrità, principi e onestà. Tutte quelle cose che uno dovrebbe sforzarsi di conquistare nella vita.

La conoscenza deriva dall'esperienza

"L'informazione non è conoscenza. L'unica fonte di conoscenza è l'esperienza."

Quando vediamo una persona capace e adatta in una data situazione, concludiamo che la persona debba necessariamente avere molta esperienza. Non perché legga molto e abbia una grande biblioteca a casa, ma perché si è già trovata in molte situazioni simili e ora ha una vasta e profonda conoscenza dell'ambito.

Dovremmo cercare di fare errori e acquisire esperienza su come "non" affrontare un problema particolare. È così che si forma l'esperienza (ed è così che si impara a risolvere i problemi).

Impara le regole e gioca meglio

"Devi imparare le regole del gioco. E poi giocare meglio di chiunque altro."

Ci vengono insegnate le regole del gioco durante tutto il corso della nostra vita. Che ci piaccia o no, impariamo a giocare secondo queste regole. Se impariamo a perseverare, persistere e acquisire esperienza più degli altri, saremo sempre un passo avanti a tutti.

Non significa che devi comportarti come tutti gli altri o fare le stesse cose che fanno le altre persone di successo. Una volta che avrai acquisito piena comprensione delle regole del gioco, sarai in grado di giocare meglio, sfidare le regole del gioco o cambiarle.

L'immaginazione è potente

"L'immaginazione è tutto. È l'anteprima delle prossime attrazioni della vita. L'immaginazione è persino più importante della conoscenza."

Abbiamo chiarito i concetti di conoscenza ed esperienza; l'immaginazione se ne serve per creare qualcosa di simile al mondo reale nelle nostre teste.

Credo fermamente che l'immaginazione provenga dalla conoscenza, dall'esperienza e soprattutto dalla lettura. Leggendo cose che riguardano il nostro ambito, non c'è nulla che non possiamo immaginare e fare per raggiungere i nostri obiettivi. Il potere di immaginare è il potere di formulare un'immagine chiara di come si svilupperà il tuo futuro se fai una cosa particolare. Questo ti serve per prepararti a dovere per far sì che quel futuro desiderato arrivi.

1.3 Il segreto per imparare qualsiasi cosa

Nel 1905, all'età di 26 anni, Albert Einstein ebbe quello che oggi chiamiamo il suo "Anno dei Miracoli". In quell'anno pubblicò tre articoli accademici che hanno completamente trasformato il campo della fisica. Molte persone attribuiscono la svolta creativa di Einstein a una miscela del suo genio eccentrico e dei suoi sogni ad occhi aperti (uno dei suoi più famosi era visualizzare cosa sarebbe potuto accadere se avesse inseguito un raggio di luce).

Ma la vera storia della creatività di Einstein è molto più interessante e istruttiva. NON è la storia di un genio che fa qualcosa che noi non potremmo mai fare. È la storia di qualcuno che utilizza una serie di strategie che chiunque può replicare per ottenere delle scoperte creative incredibili. Queste strategie si nascondono, per così dire, in bella vista: sono state infatti utilizzate dai più grandi scienziati e inventori della storia.

Certo, le probabilità che una persona che legge questo libro formuli la prossima teoria della relatività sono molto poche. Persino Einstein non è stato in grado di replicare le proprie scoperte più tardi nella sua carriera. Tuttavia, ciò non cancella il fatto che l'uso delle strategie di creatività di Einstein può renderci notevolmente più efficaci e farci avere più successo, sia nel lavoro che nella vita privata.

Einstein non è chi la storia ci dice che era. Prima di compiere il suo anno miracoloso, l'ultima parola che un osservatore esterno avrebbe associato a Einstein sarebbe stata "genio". Come abbiamo visto, il suo preside gli disse che non avrebbe mai ottenuto nulla. Lasciò la scuola superiore a

15 anni (e in seguito ha dovuto finire il suo ultimo anno di istruzione secondaria altrove, prima di essere ammesso all'università). Fu uno dei pochi studenti della sua classe a non trovare lavoro dopo il diploma.

Quindi, tornò a casa e dopo alcuni mesi alla ricerca di una posizione iniziò a perdere la speranza. In un atto di disperazione, suo padre scrisse una lettera a uno stimato professore, quasi chiedendo aiuto:

"Per favore, perdoni un padre che è così audace da rivolgersi a lei, stimato Professore, nell'interesse di suo figlio…Tutti coloro che sono in grado di giudicare la questione possono assicurarle che è straordinariamente studioso e diligente e si aggrappa con grande amore alla sua scienza… È oppresso dal pensiero di essere un peso per noi, persone di mezzi modesti…"

Il professore, purtroppo, non rispose; ma quattro anni dopo, Einstein ebbe il suo anno miracoloso.

Immagina un laureato di oggi che viva ancora con i suoi genitori e non riesca proprio a sistemarsi. Quindi immagina che un intero campo della fisica venga trasformato pochi anni dopo da quella persona. Sarai d'accordo sul fatto che questo è un evento raro a dir poco. Quindi ci si pone la domanda: in che modo un tale "fallito" ha dato alcuni tra i contributi più significativi della storia nel campo della fisica?

Per rispondere a questa domanda, dobbiamo renderci conto che anche se tutto ciò che abbiamo appena visto riguardo alla storia personale di Einstein è vero, è solo una parte della storia. Einstein non iniziò ad avere successo dal giorno alla notte. Quando raccontiamo la versione ufficiale della storia di Einstein, semplifichiamo il tutto al punto da diventare ridicoli. Einstein non si è seduto alla scrivania sognando a occhi aperti le sue grandi idee.

Le verità poco conosciute su Einstein sono molteplici. Innanzitutto, fin dalla tenera età aveva beneficiato di un tutoraggio individuale in matematica. Questo perché anche se aveva mostrato grande passione e talento per la materia, andava molto male a scuola. Inoltre, Einstein ha addestrato deliberatamente la sua immaginazione visiva per 10 anni prima del suo anno miracoloso.

Durante la sua carriera ha più volte indicato la sua *fantasia*, non il suo pensiero razionale, come il segreto del suo impatto creativo. "Quando esamino me stesso e i miei metodi di pensiero, arrivo alla conclusione che il dono della fantasia ha significato più per me del mio talento nell'assorbire la conoscenza", ha spiegato Einstein negli anni d'oro della sua carriera. Aggiungendo: "Non ho mai scoperto nessuna delle mie scoperte attraverso il processo del pensiero razionale".

"La logica ti porterà da A a B. L'immaginazione ti porterà ovunque." - Einstein

Quindi, come ha fatto esattamente Einstein a visualizzarsi come un genio? E come possiamo sviluppare questa capacità dentro di noi? Diamo un'occhiata a quello che ha fatto Einstein: 10.000 ore di addestramento sulla simulazione mentale.

"Il gioco e la fantasia spontanei sembrano essere le caratteristiche essenziali del pensiero produttivo."

La scuola che Einstein frequentò dopo essere stato espulso era una scuola d'avanguardia che enfatizzava il pensiero visivo. Fu qui che iniziò a visualizzare come la luce funziona in condizioni diverse.

All'età di sedici anni iniziò a condurre esperimenti di pensiero sui fasci di luce. Questi esperimenti di pensiero erano esercizi mentali che lo aiutavano ad apprezzare le proprietà della luce e anche a notare anomalie e incongruenze. Einstein ha immaginato diverse condizioni e possibilità, perseguendo queste speculazioni per dieci anni.

Il giovane Einstein ha studiato a fondo ciò che gli scienziati moderni chiamerebbero *esperimenti di pensiero*: vedere e sentire una situazione fisica in modo quasi tangibile, manipolarne gli elementi, osservarne i cambiamenti - tutto ciò immaginato nella propria mente.

Mentre conduceva queste visualizzazioni, Einstein vide un conflitto tra la sua intuizione e le equazioni di Maxwell, che all'epoca formavano la teoria prevalente del funzionamento dell'elettromagnetismo. Secondo un articolo del suo biografo sul New York Times, la tensione vissuta da Einstein a causa di questo conflitto gli fece sudare i palmi delle mani.

Dopo essersi laureato al Politecnico di Zurigo e aver trascorso diversi mesi a candidarsi senza successo per posizioni accademiche in tutta Europa, Einstein fu finalmente accettato a svolgere un lavoro umile come impiegato dell'ufficio brevetti in Svizzera, dove lavorò per quattro anni.

Ma nonostante quel che potrebbe sembrare, non fu tempo perso questo. Nello stesso articolo del New York Times, il biografo di Einstein descrive come Einstein iniziò a condurre esperimenti di pensiero sulla relazione tra luce e tempo:

"Ogni giorno, avrebbe tentato di visualizzare come un'invenzione e le sue premesse teoriche sottostanti avrebbero funzionato nella realtà. Tra i suoi compiti c'era l'esame di applicazioni per dispositivi che servivano a sincronizzare orologi distanti. Gli svizzeri (essendo svizzeri) avevano la passione di assicurarsi che gli orologi in tutto il paese fossero perfettamente sincronizzati... Più di due dozzine di brevetti sono stati rilasciati dall'ufficio di Einstein tra il 1901 e il 1904 per dispositivi che utilizzavano segnali elettromagnetici come radio e luce per sincronizzare gli orologi."

Imparando la storia di Einstein, ci allontaniamo dall'idea di successo come "lampo di genio" che accade da un giorno all'altro e dalla narrativa di "Eureka!", e troviamo invece un'abilità e un'abitudine apprendibili che Einstein ha esercitato e sviluppato nel tempo.

Se Einstein fosse stato l'unico a far questo, potremmo attribuire la sua abitudine di simulazione mentale a una stranezza personale. Ma approfondendo, ci accorgiamo di quanti dei più grandi inventori e scienziati della storia abbiano trascorso anni a praticare deliberatamente la simulazione mentale con modelli intellettivi (ad esempio il laboratorio della mente e la creazione di concetti scientifici). Grazie ad alcune di queste storie, possiamo ottenere idee creative su come incorporare la simulazione mentale nella nostra vita.

I grandi usano la simulazione mentale

Il modo più comune nel quale scienziati e inventori usano la simulazione mentale è quello di modellare la propria arte nella loro mente. Un esempio di questo approccio viene dall'autobiografia di uno dei più grandi inventori della storia, Nikola Tesla.

Fin da giovane, Tesla sviluppò un'attitudine ad evocare nella mente persone, società e mondi immaginari. Nella sua autobiografia, descrive come trascorreva ore ogni notte viaggiando con la propria mente, incontrando persone, vedendo nuove città e Paesi, facendo nuove amicizie. Quando aveva 17 anni, aveva praticato così tanto l'arte della simulazione mentale che trovò facile trasformare questa abilità in uno strumento per le sue invenzioni.

"Quando mi viene un'idea, inizio subito a costruirla nella mia immaginazione. Cambio la sua forma, apporto miglioramenti e utilizzo la mia mente come un dispositivo. Per me è assolutamente irrilevante se faccio funzionare la mia turbina nel pensiero o la collaudo nel mio negozio. Noto se è sbilanciata in ogni caso."

Non c'è alcuna differenza, i risultati sono gli stessi. La mente umana non nota la differenza tra ciò che è reale e ciò che è immaginato. In questo modo i geni della storia, tra cui Einstein e Tesla, sono stati in grado di sviluppare rapidamente e perfezionare un concetto senza toccare materialmente nulla.

"Quando sono arrivato al punto di incarnare nell'invenzione ogni possibile miglioramento a cui riesco a pensare e non vedo alcun difetto da nessuna parte, metto in forma concreta questo prodotto finale del mio cervello. Invariabilmente il mio dispositivo funziona come avevo immaginato che avrebbe fatto, e l'esperimento funziona esattamente come l'ho pianificato. In vent'anni non c'è stata una sola eccezione."

Un altro approccio meno comune, ma interessante nel caso della simulazione, è quello di costruire un modello di altre persone nella tua testa per apprendere in modo più efficace e sviluppare le tue abilità mentali.

La scienza mostra che coloro che hanno una migliore abilità di simulazione mentale sono in grado di prevedere meglio come gli altri risponderanno in determinate situazioni. È come una versione reale del film Next, in cui il personaggio di Nicholas Cage può vedere cosa accadrà tra due minuti nel futuro. Prima di avvicinarsi a una donna che vuole conoscere in una tavola calda, passa attraverso tutti i diversi approcci che potrebbe utilizzare fino a quando non trova quello che avrà successo. In un certo senso, tutti abbiamo questa capacità.

Questa capacità è rilevante per i venditori che desiderano anticipare le reazioni di un cliente. È rilevante per un genitore che vuole convincere il proprio figlio a fare qualcosa. È rilevante per qualsiasi artista che vuole sapere come verrà percepito il suo atto creativo. È rilevante per un imprenditore che vuole anticipare le esigenze di un cliente.

Questa capacità, inoltre, aumenta anche le nostre risorse per la risoluzione dei problemi consentendoci di attingere alla saggezza dei nostri idoli. Quando leggi, guardi e ascolti i tuoi idoli, come ad esempio Bill Gates, Warren Buffett, Elon Musk, Jeff Bezos, Charlie Munger e Ray Dalio, non ottieni solo la loro saggezza immediata. Ottieni anche un modello mentale grazie al quale puoi interagire e ottenere nuove intuizioni.

In una conversazione con gli studenti della Stanford Graduate School of Business, l'imprenditore miliardario Reneur e l'investitore Marc Andreessen svelarono che uno dei loro "trucchi" nella vita era quello di utilizzare i modelli mentali degli imprenditori della Silicon Valley che ammiravano (Peter Thiel, Elon Musk, Larry Page), con cui interagivano quando prendevano decisioni.

In conclusione: siamo tutti nati con un'incredibile capacità di simulare la realtà usando i modelli mentali. Tuttavia, spesso la sprechiamo.

La mente non è né un dispositivo logico né probabilistico, ma invece un dispositivo che effettua simulazioni mentali. Nella misura in cui gli umani ragionano logicamente o inferiscono le probabilità, fanno affidamento sulla loro capacità di simulare il mondo in modelli mentali. Questa idea è stata proposta per la prima volta una generazione fa. Da allora, i suoi sostenitori e critici l'hanno rivista e ampliata in centinaia di pubblicazioni.

Viviamo in un'era che premia la razionalità e la logica come le più alte forme di intelligenza. Negli ultimi decenni, sono stati identificati centinaia di pregiudizi cognitivi che mostrano quanto la nostra intuizione possa essere irrazionale.

Sì, i pregiudizi cognitivi sono importanti. Sì, la razionalità è fondamentale. Ma anche l'immaginazione e l'intuito lo sono! Questo ci ricorda che non dovremmo trascurare le miracolose abilità del nostro cervello. E dovremmo allenare la nostra intuizione - imparando i modelli mentali più preziosi.

Perché a ben guardare, molte delle più grandi scoperte della nostra società, prima che fossero logicamente provate, sono state precedute da anni di voli selvaggi di fantasia. Questo succedeva sempre, prima che l'inventore avesse il "lampo di genio" per cui sarebbe diventato famoso.

La mente umana è il sistema più complicato, elegante e sorprendente del mondo. Tuttavia, non ci viene mai insegnato come usarla al massimo delle sue capacità. Una vecchia leggenda metropolitana dice che usiamo solo il 10% del nostro cervello. È stato dimostrato che ciò è falso in senso letterale: non è che il 90% della nostra materia grigia stia dormendo. Ma può essere vero in senso metaforico. Abbiamo molto più potere di quanto crediamo di averne.

Diciamo che stai cercando un modo per costruire un modello di come pensa un'altra persona, ed essere in grado di essere oggettivo ed equo – oltre a essere in grado di vedere le cose dal suo punto di vista. Eppure, hai la tua opinione sull'argomento. Quindi provi a individuare tutto ciò che sai della persona e dici "ok, ecco le conclusioni che la persona X avrebbe raggiunto". Se dedichi abbastanza tempo a questo processo, inizierai ad essere in grado di avere queste conversazioni con te stesso.

Come utilizzare la tecnica di Einstein

Che tu sia un dipendente, un programmatore, un investitore, un consulente, un designer, un manager o un imprenditore, hai già un modello di come funzionano sia il tuo mestiere sia il tuo campo, persino se le tue conoscenze al riguardo non sono estese.

Il trucco ora è trasformarlo in un modello consapevole per poi deliberatamente migliorarlo. Puoi farlo con la tecnica di Einstein, in pochi e semplici passaggi:

1. Costruisci consapevolmente un modello mentale di come funziona il tuo campo.

2. Metti alla prova il modello mentale nella tua mente stimolando mentalmente diversi scenari.

3. Metti alla prova la precisione del tuo modello mentale nel mondo reale.

Ripeti i passaggi 1–3 con le lezioni apprese nei passaggi 2 e 3.

Ora, suddividiamo ciascuno di questi passaggi:

Step 1: costruisci un modello mentale di come funziona il tuo campo.

Per costruire un modello generale, ti consiglio di imparare i più importanti modelli mentali per il tuo campo. In un certo senso, il compito principale di ogni persona è quello di costruire un modello del proprio mestiere e padroneggiarlo nella propria testa prima di dominarlo nella realtà.

- Un meccanico ha un modello mentale di un'auto.

- Un architetto ha un modello mentale di un edificio.

- Un economista ha un modello mentale dell'economia.

- Un tassista ha un modello mentale delle strade della città.

Step 2: prova il modello mentale nella tua mente, stimolando mentalmente i diversi scenari.

La simulazione mentale è così potente perché abbassa il "costo" della sperimentazione, permettendoti così di aumentare il numero di esperimenti che puoi eseguire.

Ad esempio, a seconda della nostra professione, è possibile simulare:

- Come un pubblico reagirà a un dipinto, un articolo, un video, un podcast o qualsiasi altro atto creativo a cui stiamo lavorando.

- Come un utente reagirà a una modifica dell'interfaccia utente o all'aggiunta di una funzionalità del prodotto.

- Come un potenziale cliente reagirà a un messaggio di marketing o di vendita.

- Come un investitore reagirà a un certo pitch.

- Come reagisce un avversario sportivo ai nostri movimenti.

- Come si svolgerà una decisione strategica nel futuro.

Step 3: prova l'accuratezza del tuo modello mentale nel mondo reale.

Geni e uomini di successo del calibro di Edison, Bezos e Zuckerberg, seguono la regola dei 10.000 esperimenti. Nel lungo periodo, le persone e le organizzazioni che fanno più esperimenti hanno maggiori probabilità di avere più successo. Non è una coincidenza che le più grandi aziende del mondo siano anche le più grandi sperimentatrici e che Jeff Bezos affermi: "Il nostro successo su Amazon è una funzione di quanti esperimenti facciamo ogni anno, al mese, alla settimana, al giorno".

Step 4: ripetere i passaggi da 1 a 3 con le lezioni apprese nei passaggi 2 e 3.

Quando simuliamo scenari nella nostra mente, otteniamo immediatamente un sottile istinto su ciò che accadrà e un'emozione che ci dice "qualcosa non va" o "questo è perfetto". Quando sperimentiamo nel mondo reale, otteniamo un feedback qualitativo e quantitativo.

2. Come leggere, imparare e concentrarsi meglio

2.1 Come imparare a leggere più velocemente e più efficacemente

Leggere è un'abilità che apprendiamo in tenera età che diventa un'abilità così intrinseca al nostro essere che, probabilmente, non ricordiamo nemmeno di come l'abbiamo imparata. Ma leggere velocemente è tutta un'altra storia. Imparare a leggere più velocemente può portare benefici enormi e di fondamentale importanza a te e alla tua vita.

Quasi tutte le sfaccettature della nostra vita si intersecano con una forma di lettura. Leggiamo i segnali stradali per sapere come guidare i nostri veicoli sulle strade. Leggiamo i calendari sui nostri telefoni per tenere traccia dei nostri programmi. Leggiamo le e-mail al lavoro per tenerci aggiornati su progetti e riunioni.

Leggere è parte integrante della vita e scoprire come leggere più velocemente ed in modo più efficiente può essere un'abilità che ti porterà avanti in tutti i campi della tua vita.

Ecco le principali raccomandazioni per aumentare la tua velocità di lettura:

- Non subvocalizzare (ovvero leggere mentalmente) quando leggi

- Visualizza in anteprima quello che stai per leggere

- Tieni traccia dei tuoi progressi di lettura

- Salta le piccole parole quando leggi

I preziosi vantaggi di imparare a leggere più velocemente

L'adulto medio legge ad una velocità di 300 parole al minuto. Puoi fare vari test di lettura e comprensione online per testare le tue abilità attuali se desideri scoprire la tua velocità espressa in parole lette al minuto.

Secondo un test di lettura rapida, ecco quante parole al minuto le persone leggono in media:

- Studenti di terza elementare - 150 pam (parole al minuto)

- Studenti di terza media - 250 pam

- Adulti - 300 pam

- Studenti universitari - 450 pam

- Dirigenti - 575 pam

- Professori universitari - 675 pam

Dove ti trovi in questo spettro?

Certamente, si ottengono molti benefici dall'imparare a leggere più velocemente e in modo più efficiente. Tuttavia, oltre a poter navigare su Netflix in modo più efficiente, quali altri vantaggi si possono ottenere da abilità di lettura e comprensione più evolute?

1. Imparare a leggere più velocemente migliora la tua memoria

Leggere rapidamente non significa solo sfogliare la pagina. Si tratta anche di conservare meglio le informazioni che il tuo cervello sta elaborando.

Il cervello è un muscolo: più lo usi, più diventa forte. Le parti del cervello che si attivano quando leggiamo sono strettamente associate a quelle parti del cervello che elaborano la memoria. Più forti sono le tue capacità di lettura, migliore diventa la tua memoria!

2. Imparare a leggere più velocemente migliora la tua concentrazione

Uno dei motivi per cui le persone hanno difficoltà a leggere è la mancanza di concentrazione. Soprattutto oggi, con l'integrazione della tecnologia digitale in tutti gli ambiti della nostra vita, è più impegnativo che mai rimanere concentrati su un compito singolo.

Ammettiamolo: siamo facilmente distratti! Non c'è problema, perché possiamo imparare a riqualificare le nostre menti e concentrare la nostra energia imparando a leggere più velocemente.

3. Imparare a leggere più velocemente fa risparmiare tempo

Questo può essere abbastanza ovvio, ma è anche uno dei vantaggi più interessanti di imparare a leggere più velocemente. In poche parole: la lettura veloce ci fa risparmiare un sacco di tempo!

Se potessi leggere un'e-mail o un documento o una lettera nella metà del tempo normalmente impiegato, potresti utilizzare il tempo risparmiato per fare qualcos'altro. La tua produttività aumenterebbe del doppio e otterresti di più in meno tempo.

Imparare a leggere più velocemente ci rende persone più efficienti.

Ci sono pochi dubbi sul fatto che imparare a leggere più velocemente ci avvantaggia in diversi modi, ma come si fa ad imparare a farlo? C'è un pulsante magico che puoi premere che in qualche modo hai trascurato fino ad ora?

Imparare a leggere più velocemente è un'abilità, il che significa che è qualcosa che può essere insegnato, praticato e migliorato. Puoi migliorare il tasso di velocità a cui leggi utilizzando alcuni di questi suggerimenti pratici.

Quindi, ecco come leggere più velocemente e memorizzare di più.

1. Non subvocalizzare quando leggi

La subvocalizzazione è l'atto di pronunciare in silenzio ogni parola nella tua testa mentre leggi. È qualcosa che molte persone fanno inconsciamente quando leggono, ma fidati: se vuoi imparare a leggere più velocemente, dovrai stroncare questa abitudine sul nascere.

La subvocalizzazione ostacolerà solo la tua velocità di lettura e ti distrarrà dal significato intrinseco del testo. La prossima volta che leggi, vedi se riesci a individuare la tua subvocalizzazione. Più sei consapevole di questa abitudine, più facile sarà smettere di farlo.

Un trucco che può aiutarti è concentrarti su una parola sulla pagina e fissarla in silenzio per tutto il tempo che puoi. All'inizio ci sarà sicuramente una qualche forma di subvocalizzazione, ma vedi se riesci a calmarti e aspettare che diminuisca. Alla fine, sarai in grado di vedere la parola senza dirla ad alta voce nella tua testa.

Esercitati con questa abilità la prossima volta che aspetti in fila per un appuntamento o sei sull'autobus. Stroncherai questa cattiva abitudine in pochissimo tempo!

2. Cerca un'anteprima di ciò che stai per leggere

È più stimolante comprendere cosa stai leggendo quando ti sei già fatto un'idea di che cosa si tratti.

Prima di metterti a leggere qualcosa, soprattutto se si tratta di un testo difficile, leggi prima l'anteprima o il sommario del documento. Cosa stai leggendo? Chi l'ha scritto e perché? Cosa pensi che conterrà il testo?

3. Tieni traccia dei tuoi progressi di lettura

Non saprai mai se sei migliorato se non sai da dove hai iniziato. Fai un breve test di velocità e comprensione per scoprire qual è la tua velocità di lettura di base.

Da lì, avrai un'idea migliore di come e quanto potrai migliorare. Esercitati a leggere e vedi se riesci a prendere un ritmo più veloce. Ricorda di darti il tempo di sviluppare questa abilità - dopo tutto è un'abilità!

Tra una o due settimane, controlla di nuovo la tua velocità di lettura (assicurati che sia lo stesso test, per risultati coerenti).

Sappi che i lettori più veloci al mondo leggono più di 1000 parole al minuto, quindi anche se la tua velocità è maggiore della media della popolazione, c'è sempre un ampio margine di miglioramento.

4. Salta le piccole parole quando leggi

Per essere chiari, saltare le parole piccole non è esattamente la stessa cosa di saltare qua e là nella pagina durante la lettura. La scrematura è una grande abilità da coltivare, poiché può essere immensamente utile in determinate circostanze. Tuttavia, imparare a comprendere e conservare pienamente ciò che leggi ad un ritmo rapido è ancora più vantaggioso.

Imparare a leggere più velocemente significa eliminare le parole piccole e inutili che riempiono una pagina. Queste parole hanno certamente il loro perché, e abbiamo bisogno di loro per costruire frasi e idee! Tuttavia, quando stiamo cercando di leggere rapidamente, spesso possiamo saltare queste parole senza effetti negativi: "è", "a", "il/la", "e".

Usa questi suggerimenti per una lettura veloce per aiutarti non solo a imparare a leggere più velocemente, ma anche a memorizzare di più!

Ricorda che imparare a leggere più velocemente e in modo più efficiente ci mantiene produttivi.

Esistono diversi modi per aumentare la velocità di lettura. Se sei interessato a risorse esterne, ci sono corsi di lettura online che ti aiutano a imparare a leggere più velocemente e alcune app con programmi di lettura progettati per aumentare la tua velocità.

Quando possiamo fare di più in meno tempo, aumentiamo la nostra produttività - e questo è qualcosa di cui tutti possiamo beneficiare.

Non solo; quando padroneggiamo l'abilità della lettura veloce, rafforziamo le nostre menti. Diventiamo più focalizzati, più vigili e più consapevoli. Aumentiamo le nostre conoscenze e il nostro vocabolario. Diventiamo più fiduciosi nelle nostre capacità di elaborare e di comprendere idee nuove e stimolanti.

2.2 Come imparare meglio a seconda del proprio stile d'apprendimento

Man mano che sviluppi le tue abitudini di studio, è importante capire che tipo di studente sei in modo da poter elaborare le tue tecniche di apprendimento. Dopotutto, se riesci a identificare tecniche che giovano ai tuoi punti di forza, le tue possibilità di ricordare le informazioni e di imparare cose rilevanti aumentano in modo significativo.

A grandi linee, esistono tre tipi di stili di apprendimento: visivo, uditivo e cinestetico. Se non sei sicuro di quale tipo di studente sei, sappi che ci sono diversi test disponibili online per scoprirlo. Una volta a conoscenza del tuo stile, troverai diversi suggerimenti per aiutarti a seconda dello stile di apprendimento più adatto a te.

Stile visivo

Prendi appunti a lezione: gli studenti visivi fanno fatica a ricordare ogni parola che il professore dice. Ecco perché è fondamentale prendere appunti durante le lezioni. Assicurati di annotare anche ciò che è scritto sulla lavagna. Una volta terminata la lezione, rileggi e riscrivi i tuoi appunti poiché quel processo di lettura e visualizzazione delle parole ti aiuterà a memorizzarle.

Sottolinea il materiale, con colori diversi in base a una tua logica personale. Questo processo è particolarmente utile per coloro che apprendono meglio attraverso la vista perché elaborare il materiale di studio ti aiuterà a creare un modello visivo facile da capire e da ricordare per gli esami. Gli evidenziatori multicolori sono i migliori amici degli studenti visivi perché ricorderai ciò che leggi in base ai colori sulla carta. Assegna a ciascun colore un valore che dovrai richiamare, quindi utilizza i colori appropriati mentre leggi un certo libro, i materiali delle lezioni e gli appunti. Ad esempio, evidenziare il problema in giallo; la regola in verde, e così via.

Studente uditivo

La tua prima priorità come studente uditivo è prestare attenzione alle lezioni poiché l'ascolto è il modo in cui conserverai le informazioni. Inoltre, beneficerai anche della registrazione della lezione sul tuo smartphone. Quindi prendi il tempo di ascoltare le registrazioni dopo le lezioni e prendi nota mentre ascolti le informazioni (ricorda di chiedere al professore se per lui va bene essere registrato).

Ripeti ad alta voce: se sei uno studente uditivo, probabilmente ti ritrovi a parlare a voce alta anche quando non te ne rendi conto. È come se stessi - letteralmente - sentendoti pensare. Quando studi tramite esempi di domande sul materiale da studiare, leggi le domande e le risposte ad alta voce. Tieni presente che dovresti scrivere le risposte su carta mentre le pronunci, poiché i tuoi esami non saranno tutti orali.

L'associazione di parole è un ottimo modo per gli studenti uditivi di studiare e ricordare i fatti. Trucchetti mnemonici come l'utilizzo di canzoni o rime possono dare ottimi risultati. Il tuo cervello, tramite la canzone, richiamerà automaticamente le informazioni ad essa collegate.

Studente cinestetico

Crea diagrammi di flusso: poiché gli studenti cinestetici imparano meglio facendo e sperimentando, la costruzione di una struttura per le note aiuterà la tua mente a comprendere le informazioni e riconoscere facilmente i modelli. Crea diagrammi di flusso e grafici in modo visivo quando riscrivi note e appunti. Ad esempio, utilizza Post-it di colore diverso per creare diagrammi di flusso su lavagne e pareti vuote. L'atto di creare il diagramma di flusso ti aiuterà a conservare le informazioni.

Combina un'attività con lo studio: gli studenti cinestetici ricordano meglio le informazioni quando svolgono attività. Prova a fare una passeggiata o allenarti in palestra mentre ascolti le registrazioni audio di lezioni e appunti.

Un altro modo per migliorare il tuo apprendimento è quello di impegnare le dita nello studio. Per tenerle occupate, ad esempio, sottolinea le parole e riscrivi le frasi per apprendere i fatti chiave. Digitare gli appunti e utilizzare il computer è un altro ottimo modo per rafforzare l'apprendimento attraverso il senso del tatto.

Perfezionare queste tecniche non solo ti aiuterà a capire il materiale a scuola o all'università, ma ti preparerà anche al momento dell'esame. Che tu sia uno studente visivo, uditivo o uno studente cinestetico, prova alcuni dei suggerimenti di studio che ti ho consigliato, per vedere quale funziona meglio per te.

E ora... scombina le carte

Ora che hai capito, a grandi linee, che tipo di studente sei, non dimenticarti di... dimenticartene per un po'. Non ti sto prendendo in giro: è importante che tu impari ad apprendere in modi diversi da quello che ti è più proprio e congeniale. Se sei uno studente visivo, mettiti alla prova impegnandoti ad apprendere una certa quantità di materiale utilizzando preferenzialmente il canale uditivo; se odi prendere appunti e non ritieni possano essere così utili per lo studio, prova a comportarti diversamente e alla prossima lezione cerca di stare al passo con ciò che spiega l'insegnante prendendo appunti sul tuo quaderno. E se sei una persona che per studiare ha bisogno di una scrivania sgombra e del silenzio assoluto, prova a ripassare e memorizzare la lezione mentre vai fuori a fare una passeggiata.

Ti sembrano consigli campati in aria? Forse non sai che la mente ha bisogno di rimanere *flessibile*. E che ampliare le proprie abilità di apprendimento ti può solo far del bene:

- Avrai più mezzi a tua disposizione: non tutti i compiti e gli esami che ti troverai ad affrontare saranno ideali per il tuo stile di apprendimento, il fatto di conoscere e saper applicare altri metodi ti gioverà nel raggiungere il tuo obiettivo

- Stimolerai canali sensoriali e "vie" cerebrali che solitamente trascuri un po', a tutto vantaggio della plasticità del tuo cervello

- Potrai scoprire metodi e tecniche che, seppur apparentemente non nelle tue "corde", potranno tornarti molto utili per abbreviare i tuoi tempi di apprendimento

Continua a raccogliere informazioni su di te

Man mano che studi, più cose apprendi e quanti più obiettivi raggiungi, hai la possibilità di affinare la conoscenza di te stesso in quanto persona che apprende. A cosa può servire, ti stai forse chiedendo? Semplice, a diventare ancora più efficace e ridurre ulteriormente i tempi di apprendimento. Non è forse il sogno di ogni persona che apprende?

Come ti ho accennato prima, esistono numerosi test che puoi trovare online per scoprire qual è il tuo stile di apprendimento. Ma c'è qualcosa che puoi fare anche qui, ora, che può permetterti di ottenere preziose informazioni sul tuo conto.

Ecco una serie di domande che puoi porti per scoprire che tipo di studente sei:

- Come mi comporto quando leggo un testo per la prima volta?

- Leggo tutto d'un fiato fino all'ultima parola o mi soffermo sui dettagli?

- Presto attenzione alle immagini che eventualmente accompagnano il testo?

- Faccio caso a titoli, sottotitoli, titoletti di paragrafo, didascalie e via dicendo?

- Quando mi trovo di fronte a una prova d'esame, come agisco?

- Leggo tutte le domande e rifletto bene prima di iniziare oppure comincio a rispondere subito senza far caso alla lunghezza del test?

- Come mi comporto quando devo risolvere un problema?

- Applico un approccio metodico o mi fido del mio istinto?

Queste sono solo alcune delle domande che puoi porti. Prenditi il giusto tempo per riflettere su te stesso e sul tuo comportamento in un setting di apprendimento o di problem solving. Le informazioni che raccoglierai sono molto importanti, ti spiego perché nei prossimi paragrafi.

Sei globale o analitico?

Sei una persona che si sofferma sui dettagli o ami percepire la visione di insieme? Se non hai mai pensato che questo elemento possa essere importante per il tuo apprendimento e, in generale, per la tua creatività, ti sbagli di grosso.

A grandi linee le persone si possono dividere in persone che hanno uno stile cognitivo globale e persone che hanno uno stile cognitivo analitico: le prime percepiscono l'insieme, il tutto, si concentrano sulle regole che tengono legati gli elementi, mentre le seconde amano analizzare i dettagli, i particolari, le eccezioni che confermano le regole.

Come puoi sfruttare ciò a tuo vantaggio? Quando devi apprendere qualcosa, se hai uno stile globale cerca di dare un senso a tutto quello che stai studiando, trova il filo rosso che lega gli elementi e concepisci un'idea generale e onnicomprensiva dell'argomento. Se hai uno stile analitico, invece, cerca di individuare dettagli e particolari che possano servirti sia a comprendere che a memorizzare e, in un secondo tempo, a richiamare dalla memoria il materiale che stai studiando.

Studente dipendente VS studente indipendente

Non si tratta di uno scontro fisico ma si può parlare in un certo senso di scontro "ideologico": in quanto studenti siamo tutti molto diversi gli uni dagli altri, alcuni di noi sfruttano fino all'osso il materiale di studio che hanno a disposizione mentre altri hanno bisogno di essere più indipendenti e creativi quando apprendono o cercano di capire qualcosa.

Se rientri nella seconda categoria, concediti la libertà di spaziare all'interno del sapere: approfondisci, devia dal "seminato", soddisfa la tua curiosità e trova il tuo personale modo di *possedere* le informazioni che vuoi o devi studiare. Tutto ciò non è una perdita di tempo, bensì ti servirà per cementare le tue conoscenze e permetterti di padroneggiarle al meglio.

Se per te invece i testi di studio sono la tua personale "bibbia", sfrutta la loro organizzazione più che puoi e fatti guidare da essi nella strutturazione della tua conoscenza. Esistono numerosissimi testi e metodi di studio per la maggior parte delle materie che si possono studiare: se con un testo di studio non ti trovi, non aver paura di provarne un altro (anche se non è stato indicato dal docente o dall'insegnante). Per uno studente "dipendente" è importante trovare un percorso, una mappa da seguire mentre si acquisiscono nuove conoscenze.

La logica vince sempre... o quasi

Ti ricordi le "Olimpiadi della matematica" a cui ti facevano partecipare a scuola? E le gare di risoluzione di problemi logici? Bé, sappi che non pochi studenti si sono sentiti mortificati dai pessimi risultati raggiunti in queste "competizioni". Tutti asini, tutti caproni? Affatto! Per fortuna in tempi recenti ha iniziato a diffondersi la consapevolezza del fatto che in quanto studenti – ma più in generale in quanto pensatori – siamo tutti unici e tutti diversi. Dunque, non devi per forza essere un mostro di logica per essere intelligente.

Anzi, studiosi delle scienze cognitive hanno scoperto che esistono due stili di ragionamento ben distinti: il pensiero convergente e il pensiero divergente. Il pensiero convergente è il pensiero razionale, che da un punto A ci permette, attraverso la logica, di giungere a un punto B. Le persone che prediligono questo stile di ragionamento danno molta importanza alle premesse, perché sanno che se esse sono corrette, con l'applicazione del giusto processo logico non si potrà che giungere al risultato desiderato.

Ma esistono anche pensatori divergenti: essi sono quelli che le premesse... le spazzano via dal tavolo con una manata! Fuor di metafora, i pensatori divergenti sono quelli che prediligono il pensiero creativo e laterale, e che sanno giungere a conclusioni (a volte impreviste) seguendo processi di pensieri non logici e poco usuali. La cosa importante che la scienza ha capito è che queste conclusioni sono altrettanto valide di quelle a cui giunge chi sceglie una strada logica.

Se sei un pensatore convergente, concediti il tempo per approfondire la conoscenza delle premesse: concentrati su di esse e non ritenerti soddisfatto finché non hai chiarito ogni tuo dubbio. Il resto sarà una passeggiata.

Se al contrario sei un pensatore divergente, concediti il "lusso" della creatività: non imbrigliare la tua fantasia e fidati delle intuizioni che portano il tuo ragionamento dove vuole andare. Se impari a conoscerti, ad assecondarti e a fidarti di te stesso, arriverai a traguardi che ora nemmeno puoi immaginare.

Come avrai capito, l'importante non è conformarsi a un modello (pensaci bene: Einstein non sarebbe mai stato quel che invece, per fortuna nostra, è stato). L'importante è approfondire la conoscenza della propria mente, di come ragioniamo, pensiamo, risolviamo i problemi, approcciamo i compiti e ricerchiamo le soluzioni. Una volta che avremo capito *chi siamo* quando apprendiamo, avremo in pugno le armi per dare una marcia in più al nostro apprendimento.

2.3 Come concentrarsi e avere una mente chiara e limpida

Indipendentemente da ciò che vuoi realizzare nella tua vita, che si tratti di importanti progetti, grandi obiettivi o piccoli compiti che vuoi portare a termine, per essere produttivo devi avere una mente chiara e focalizzata. Le persone spesso cadono nella trappola della frenesia e finiscono per procrastinare, perché non hanno una visione chiara in mente. Con tutti gli stimoli che ricevono, non riescono a trovare il focus per fare il loro lavoro con concentrazione.

Quindi perché vogliamo avere una mente chiara per concentrarci meglio? È davvero così importante?

In breve, la risposta è sì. Il flusso (*"flow"*), noto colloquialmente come concentrazione, è uno stato mentale in cui una persona che svolge un'attività è completamente immersa in una sensazione di concentrazione energetica, con pieno coinvolgimento e godimento del processo dell'attività.

Quando sei nello stato di flusso, la tua capacità di concentrarti sul compito a portata di mano aumenta enormemente, la tua azione diventa fluida, sai cosa fare e lo fai automaticamente senza bisogno di pensieri coscienti.

Essere nello stato di flusso è una delle esperienze più potenti e creative che si possano vivere quando si fa il proprio lavoro.

Sicuramente ti sarà già capitato di trovarti in momenti in cui sei nello stato di flusso: sai esattamente cosa fare e lo fai istintivamente, in una frazione di secondo, provando gioia e realizzazione per il fatto di aver fatto il lavoro perfettamente.

Se pratichi qualsiasi tipo di sport, saprai che di tanto in tanto si presenta un'opportunità. Quel momento in cui improvvisamente, solo per una frazione di secondo, sembra che ti si presenti un'opportunità imperdibile per fare uno step in più, per espandere i tuoi limiti.

L'adrenalina scorre istantaneamente e impetuosamente attraverso il tuo corpo, il tempo rallenta, i rumori di fondo svaniscono e puoi vedere chiaramente la tua prossima mossa. Puoi semplicemente "sentirla". E il momento successivo accade istintivamente. Il tuo corpo si muove come un fulmine. Prendi l'opportunità al balzo. Dai un calcio alla palla. Intercetti il passaggio. Tiri in rete.

In quel momento sei nello stato di flusso. Tuttavia, è difficile raggiungere lo stato di flusso quando si è distratti da mille stimoli diversi.

Molte volte troverai estremamente difficile avere una mente acuta e chiara che ti permetta di concentrarti completamente su ciò che fai. Questo è proprio il momento in cui dovresti fare qualcosa per liberare la mente, produrre lo stato di flusso e aumentare la tua concentrazione.

Ma cosa fare quando ti senti sopraffatto, stressato, senza direzione e ti risulta difficile concentrarti sui tuoi compiti perché hai una mente ingombra?

Stai da solo per un po'

Quando la tua mente è ingombra e trovi difficile concentrarti, allontanati. Stai da solo e in un posto tranquillo. Alcuni studi hanno scoperto che stare in solitudine può aumentare la produttività e consentire ai "muscoli" del cervello di rilassarsi e recuperare.

Mentre viviamo la nostra vita quotidiana, spesso non riusciamo a realizzare che attività come spostamenti, distrazioni, presenza di persone, caratteristiche dell'ambiente, routine abituali e persino cose che consumiamo hanno un impatto sulla nostra vita.

Se non gestiamo saggiamente e in modo sano queste attività, alla fine potrebbero rovinarci. Potremmo sentirci male, giù, senza energia e sentire che la nostra ispirazione e motivazione sono pregiudicate.

Questo è il motivo per cui dobbiamo fare qualcosa per ripristinare la nostra salute mentale, stando un po' da soli. Grandi scienziati, tra i quali proprio Albert Einstein, hanno fatto le loro scoperte più importanti in momenti di solitudine. Einstein, per esempio, ha postulato la teoria della relatività quando era in piedi alla stazione dei treni a guardare i treni che gli passavano accanto. Era in solitudine.

Isaac Newton ha scoperto la gravità quando ha visto cadere una mela dall'albero nel suo giardino. Era in uno stato di solitudine mentre la concettualizzazione del principio di gravità avveniva. Quindi programma un momento per stare in solitudine. Riposati. Trascorri del tempo da solo per capire meglio te stesso.

Impegnati in attività fisiche

Ecco un altro ottimo consiglio per chiarire la tua mente e concentrarti meglio su ciò che devi fare: impegnarsi in attività fisiche come una camminata veloce, andare in palestra e fare una corsa.

La scienza ha scoperto che l'esercizio fisico è un ottimo modo per liberare dallo stress i nostri corpi. Tuttavia, trovare la motivazione per andare in palestra o correre può essere il più grande ostacolo da superare.

In media stiamo seduti per 9,3 ore al giorno, molto di più delle 7,7 ore che passiamo a dormire.

Stare seduti è un'azione così normale che non ci chiediamo nemmeno quanto lo stiamo facendo. In questo modo, stare seduti è diventato il "fumo" della nuova generazione. Quindi, se il tuo lavoro ti richiede di rimanere seduto per lunghe ore, assicurati di trovare il tempo per fare un po' di esercizio fisico. Non rimanere seduto per tantissimo tempo senza muoverti.

Steve Jobs era noto per la sua abitudine di camminare spesso; durante le sue camminate trovava soluzioni creative a questioni che parevano irrisolvibili.

Pertanto, intraprendi attività fisiche per aumentare la tua creatività, produttività e anche per liberare la mente al fine di una migliore concentrazione. Di tanto in tanto alzati, allunga i muscoli. E non dimenticare di allenarti regolarmente.

Le persone di maggior successo vanno a fare esercizio fisico prima di iniziare la giornata lavorativa. Se le persone di grande successo credono che l'esercizio fisico sia importante e trascorrono del tempo a farlo anche quando hanno un programma quotidiano intenso, non pensi che dovremmo farlo anche noi?

Fai qualcos'altro di totalmente diverso

Un modo intelligente per promuovere una mente chiara è fare qualcos'altro che non ha alcun legame con la tua occupazione principale. Quando ti senti bloccato e non riesci a concludere nulla, quello che devi fare è allontanarti dalla situazione, sgombrare la mente.

Archimede ha scoperto il principio di galleggiamento mentre faceva il bagno. Quando ti lasci andare, permetti alla tua mente di lavorare sul problema a livello subconscio. Quando ti senti bloccato e non stai arrivando da nessuna parte, fermati e fai qualcos'altro. È un ottimo modo per disconnettersi dal problema o dalla difficile situazione in cui ci si trova.

Parla con qualcuno di positivo

Questo è ciò che molte persone scelgono di fare quando si sentono bloccate. Il problema però è che la maggior parte di loro sceglie di parlare con la persona sbagliata. Scelgono di parlare con qualcuno che non è di supporto, qualcuno che condividerà con loro ancora più esempi e notizie "negative".

Se vuoi condividere i tuoi problemi o difficoltà con gli altri, scegli la persona giusta. Se hai mentori, parla con loro. Se hai degli allenatori, parla con loro. Se conosci qualcuno che ha successo, parla con lui. Parlare con persone più positive di te e di successo ti permette di assorbire il loro pensiero e le loro convinzioni.

Dopo la conversazione ti sentirai meglio, avrai una mente più chiara e sarai in grado di concentrarti di più. Oltre a ciò, parlare con gli altri è utile perché sapere che hai sempre qualcuno disposto ad aiutarti e supportarti ti dà più sicurezza per affrontare le difficili situazioni della vita.

Scrivi i tuoi pensieri

Quando eri un adolescente forse custodivi un diario in un posto segreto e magari hai confessato al tuo diario tanti segreti ed esperienze. Scrivere un diario e riempirlo dei tuoi pensieri ti farà sentire bene e ti aiuterà a rendere il tuo mondo un luogo più chiaro.

Anche se potresti aver abbandonato l'idea di scrivere su un diario e mettere su carta i tuoi pensieri, il principio alla base del diario personale e i suoi benefici rimangono estremamente validi.

Scrivere un diario riduce lo stress e l'ansia, aiuta a far fronte alla depressione, migliora il tuo umore, dà la priorità ai tuoi problemi e può anche fornirti l'opportunità di identificare pensieri e comportamenti negativi.

Quindi la prossima volta che vuoi avere una mente chiara e una concentrazione migliore, scrivi semplicemente i tuoi pensieri su carta.

Medita o fai yoga

Sappiamo tutti che la meditazione e lo yoga fanno bene alla salute fisica e mentale. Il problema è che non sappiamo come farlo e, spesso, ci manca la motivazione per farlo.

Puoi fare buon uso di YouTube, e in generale di internet, per imparare a fare yoga anche nel comfort di casa tua. Ricorda, quando non hai idea di come fare qualcosa, Google e YouTube possono essere i tuoi migliori insegnanti!

Se cerchi dei semplici consigli per iniziare a praticare la meditazione, leggi con attenzione quello che ti sto per dire. Praticare la mindfulness è il modo più semplice e più alla portata di tutti per iniziare a entrare nel "mondo" della meditazione. Sai cos'è la mindfulness? Non è altro che la *piena consapevolezza di sé* nel momento presente. Alcuni si riferiscono a questa condizione come "presenza", "centratura", sono tutti sinonimi di mindfulness.

Perché dico che la mindfulness è la via di accesso più semplice e immediata alla meditazione? Perché non richiede di imparare alcunché. Puoi praticare la mindfulness dove vuoi, quando puoi, come riesci. L'importante è iniziare. E il modo più facile di iniziare è quello di sfruttare la propria respirazione. Del resto, nessuno di noi può evitare di farlo in nessun momento della giornata, giusto? Allora procedi in questa maniera:

- Cerca di rilassarti e concentrarti sulla tua respirazione

- Prova a "percepire" il tuo corpo che respira, concentrati sul torace che si dilata e si restringe, sulla sensazione dell'aria che entra ed esce attraverso il naso

- Focalizza gradualmente la tua percezione e la tua attenzione sempre di più sul respiro, cercando di "tagliare fuori" tutto il resto

- Sforzati (ma senza esagerare) di svuotare la mente: la tua attenzione deve essere solo lì, sul tuo processo di respirazione

Lo scopo è quello di riuscire a *non pensare a niente*. Facile a dirsi, più difficile a farsi, quantomeno le prime volte. Vedrai che, pratica dopo pratica, riuscirai a focalizzare la tua attenzione sul tuo respiro e la tua attenzione si concentrerà tutta lì, fino a raggiungere quello stato di consapevolezza profonda del momento presente in cui tu non sei altrove né con il corpo né con la mente.

Il beneficio per la mente è quello, appunto, di riuscire a "svuotarsi" momentaneamente da tutti i pensieri e le congetture. Scoprirai quanto ciò è rilassante per la mente: il tuo sforzo deve essere concentrato sul lasciar passare i pensieri che arrivano, accompagnandoli per così dire "fuori dalla porta". I pensieri arrivano, li riconosci, li lasci andare. Senza prestare loro attenzione.

Il bello della mindfulness è che, come dicevo, può essere praticata ovunque e in un qualsiasi momento. Se con il respiro non ti trovi bene, focalizzati su un altro semplice processo. Stai facendo la doccia? Presta consapevolezza alla sensazione dell'acqua calda sul tuo corpo. Concentrati su di essa, prova a sentire profondamente tutte le sensazioni che la tua pelle ti trasmette. Stai lavando i piatti? Presta tutta la tua attenzione a ciò che stai facendo con le mani.

Diventare più consapevoli è molto più semplice di quel che sembra! Ricorda: l'obiettivo finale è svuotare la mente per un po'. Il mezzo con cui farlo è quello di staccare la spina ai pensieri, e questa condizione può essere raggiunta facilmente – con un po' di pratica – concentrandosi su un elemento semplice ma che deve assorbire tutta la nostra attenzione e consapevolezza.

Pratica la respirazione profonda

I benefici della respirazione profonda sono enormi:

- Agisce da antidolorifico naturale

- Migliora il flusso sanguigno

- Aumenta il livello di energia

- Migliora la postura

- Riduce l'infiammazione

- Disintossica il corpo

- Stimola il sistema linfatico

- Migliora la digestione

- Rilassa mente e corpo

È una lunga lista. E questi benefici sono ciò che rende la respirazione profonda un buon modo per liberare la mente e raggiungere un migliore livello di concentrazione. Dedicare anche solo pochi minuti ogni giorno a praticare la respirazione profonda può aiutare il tuo benessere generale.

Ma la domanda è: come respirare correttamente e come praticare la respirazione profonda?

Ecco una tecnica semplice: segui il metodo di respirazione 4-6-8.

Inspira per 4 secondi, trattieni il respiro per 6 secondi, quindi espira per 8 secondi. E fallo un paio di volte regolarmente durante il giorno.

Quindi, ogni volta che sei stressato e fai fatica a concentrarti sul tuo lavoro, usa questa tecnica di respirazione profonda. Certo, sarà ancora meglio se puoi prendere l'abitudine di farlo regolarmente piuttosto che farlo ogni volta che senti stress.

Passa del tempo in mezzo alla natura

Quando è stata l'ultima volta che ti sei avvicinato alla natura? Se vivi in una grande città frenetica, l'ultima volta che hai trascorso del tempo nella natura potrebbe essere molto tempo fa.

Immagina di vivere in una casa tranquilla immersa nel verde. Puoi sentire il cinguettio degli uccelli e ogni mattina quando apri gli occhi, puoi percepire il caldo sole del mattino sul tuo viso. Ogni respiro che fai è fatto di aria fresca e lo scenario è semplicemente bello. Che impatto pensi che avrebbe ciò sulla tua vita? O sulla tua mente ingombra?

Questo è il motivo per cui avvicinarsi alla natura è anche un ottimo modo per liberare la mente e sviluppare una migliore concentrazione sul proprio lavoro. Se trascorri del tempo al centro commerciale, vedendo la folla di persone che corre a destra e a sinistra, alla fine della giornata, quando tornerai a casa, ti sentirai stanco e senza energia.

Cerca di trascorrere del tempo nella natura, fai una passeggiata, poi siediti in silenzio e cerca di ascoltare e percepire la natura. Quando avrai finito e tornerai a casa, ti sentirai fresco ed energico.

Questa è la differenza tra trascorrere del tempo nella natura e passare del tempo in un centro commerciale. Quindi, programma più tempo per stare a contatto con la natura. Senza esagerare: avvicinarti alla natura non significa che devi lasciare il lavoro e tornare a vivere nelle caverne. Trova solo un momento per ammirare la natura tutt'intorno a te.

Creare e partecipare a progetti "skunkworks"

La designazione "skunkworks" è ampiamente utilizzata in ambito commerciale, ingegneristico e tecnico per descrivere un gruppo all'interno di un'organizzazione, al quale viene dato un alto grado di autonomia e che non è ostacolato dalla burocrazia, il cui compito è di lavorare su avanzati progetti segreti.

Sai che il primo computer Apple Macintosh è stato sviluppato da un progetto skunkworks?

Non solo Apple, anche Google ha inserito i progetti skunkworks nella cultura della propria azienda, in cui i dipendenti possono dedicare il 20% del loro tempo di lavoro a progetti secondari di loro interesse.

Come risultato di questi progetti skunkworks, sono stati creati prodotti di grande successo tra cui Gmail, Adsense e Google News. E quando si tratta di avere una mente chiara con una maggiore concentrazione, il coinvolgimento in progetti skunkworks è fantastico perché distoglie l'attenzione e ti consente di concentrarti su altre cose che ti interessano.

Non solo i progetti skunkworks sono un ottimo modo per far funzionare liberamente la tua creatività, sono anche un ottimo modo per liberare la mente.

Tutti possono avviare un progetto skunkwork. Indipendentemente dal settore in cui lavori, puoi sempre passare del tempo a perseguire ciò che ami, specialmente nel tuo tempo libero.

Ad esempio, se ami la lavorazione del legno, puoi creare un blog o una pagina Facebook o un canale YouTube per condividere idee e lavori. Chissà, un giorno il tuo side-project potrebbe diventare così grande da diventare un business a sé stante. Tuttavia, per ora, ricorda che stai usando uno skunkwork come un modo per liberare la mente dal tuo progetto principale.

Immergiti e fallo

Tra tutti i suggerimenti, questo è sicuramente il più impegnativo. Quando senti che la tua mente è ingombra e bloccata, puoi scegliere di allontanarti dal tuo lavoro, ma puoi anche scegliere di resistere e continuare a concentrarti.

In questo caso, vuoi solo forzare il flusso delle idee della tua mente. Quindi, comincerai a lavorare lo stesso. E mentre lo stai facendo, le idee inizieranno a fluire e la tua mente si libererà. Le cose diventeranno un po' più facili. La motivazione e l'ispirazione arriveranno. E ti ritroverai a lavorare in modo produttivo in pochissimo tempo.

Naturalmente, se scopri che questo metodo non funziona per te, fai altre cose. Ad ognuno i suoi metodi!

3. Tecniche di apprendimento e memorizzazione

3.1 Metodo d'apprendimento effettivo SQ3R

Il metodo SQ3R è un approccio strategico comprovato e graduale all'apprendimento e allo studio dei libri di testo. È un metodo che funziona perché ti aiuta a scoprire fatti e idee importanti contenuti nel libro di testo, e a padroneggiare e conservare tali informazioni in modo da essere pronto per un esame.

SQ3R è un'abbreviazione per aiutarti a ricordare i passaggi e per semplificare i riferimenti. Ogni lettera rappresenta un passaggio da eseguire nell'applicazione di questo metodo: Survey, Question, Read, Recite e Review (di seguito viene fornita una descrizione di ciascuno di questi passaggi).

Questi cinque passaggi ti aiuteranno a rendere il tuo tempo di studio più efficiente ed efficace. Questo metodo richiederà un po' di tempo e un po' di pratica per essere padroneggiato, ma una volta appreso e applicato, risparmierai un sacco di tempo nello studio dei libri di testo.

Il vantaggio aggiuntivo dell'utilizzo del metodo SQ3R è che spesso troverai, nel test o durante l'interrogazione, le stesse domande che hai usato per studiare. Questo perché molti insegnanti usano il libro di testo come strumento per i corsi, dunque le domande di prova verranno dalla stessa fonte che hai usato tu. Mentre rivedi i tuoi appunti e i tuoi testi, sarai in grado di prevedere e preparare le risposte a molte domande d'esame perché questo metodo ti aiuta a focalizzarti sugli elementi più importanti.

INDAGINE (*Survey*) [prima della lezione]:

Lo scopo di fare un'indagine sul capitolo da studiare è quello di avere un'idea generale di cosa tratterà, di che tipo di informazioni fornisce l'autore, in quanti argomenti secondari le informazioni sono suddivise e quanto tempo dovrai passare a leggerlo. Questa indagine non dovrebbe richiedere più di 10-25 minuti, anche nel caso di capitoli lunghi, e dovrebbe essere effettuata analizzando i seguenti elementi:

- Titolo del capitolo

- Introduzione

- Obiettivi

- Vocabolario

- Sommario

- Domande di verifica

- Intestazioni in grassetto

- Grafici e didascalie di accompagnamento

Alla fine di questa indagine dovresti essere in possesso di tutte le informazioni necessarie a costruirti un'idea concreta di quello che andrai a studiare nel capitolo e di come l'autore del libro affronta l'argomento.

DOMANDA (*Question*) [prima della lezione]:

Trasforma ogni intestazione in grassetto in una domanda usando una delle seguenti parole: chi, cosa, dove, quando, perché, come.

Il motivo per cui dovresti creare una domanda per ogni titolo è quello di stabilire uno scopo per leggere il materiale in modo più dettagliato. Quando stai leggendo per trovare la risposta a una domanda specifica, stai leggendo attivamente e dunque è molto più probabile che riuscirai a memorizzare le informazioni.

LEGGI (*Read*) [dopo la lezione]:

Leggi attivamente la sezione del testo che accompagna l'intestazione per trovare una risposta alla domanda che ti sei posto nel passaggio 2. La risposta sarà generalmente costituita dall'idea o dalle idee principali dei paragrafi e dai dettagli di supporto. Leggi la sezione per trovare la risposta. Lo scopo della lettura è trovare la risposta alla tua domanda.

RECITA (*Recite*) [dopo la lezione]:

Rispondi a ogni domanda con parole tue o riformula le parole dell'autore. Assicurati di poter ricordare la risposta, non solo di riconoscere le informazioni come corrette. Scrivi le domande sul tuo quaderno insieme ad alcune parole chiave o frasi che riassumono la risposta. Lo scopo è quello di aiutarti a pensare e comprendere ciò che hai letto. Quando riscrivi o riformuli ciò che leggi, la tua comprensione e memoria miglioreranno.

REVISIONE (*Review*) [prima della prossima lezione]:

Questa fase è utile per rivedere e memorizzare le risposte e porsi domande. Se non riesci a rispondere alla domanda, guarda i tuoi appunti e mettiti alla prova di nuovo. Una volta che sei sicuro di conoscere e comprendere la domanda e la risposta, selezionala. Lo scopo della revisione è di aiutarti a prepararti per l'eventuale test. Ricorda che pochissime persone leggono libri di testo per piacere; vengono letti per acquisire informazioni e per ricordarle e utilizzarle in sede di esame. La revisione ti aiuta a ricordare le informazioni.

Come avrai capito, il metodo di studio SQ3R è un aiuto per organizzare e rendere più efficiente il tuo apprendimento. Dando un ordine preciso alle varie fasi dell'apprendimento, questo metodo ti consente di diventare più efficace, grazie al fatto che dispone in ordine logico i vari processi attraverso cui tutti dobbiamo passare quando vogliamo comprendere e memorizzare delle nuove informazioni.

È un metodo infallibile? Non per forza. Può essere personalizzato? Assolutamente sì. Dunque il mio consiglio è quello di metterlo alla prova applicandolo con precisione per un certo periodo di tempo, facendo ciò dovresti notare in quale misura ti risulta congeniale e quanto e come lo "aggiusteresti" per tagliarlo su misura del tuo stile di apprendimento. Una volta che hai scoperto ciò, fai i dovuti aggiustamenti affinché questo metodo di apprendimento ti si adatti alla perfezione.

3.2 Mappe cognitive, mentali e concettuali

La mappatura cognitiva, quella mentale e quella concettuale sono tre potenti strategie di mappatura visiva per l'organizzazione, la comunicazione e il mantenimento della conoscenza. Ci aiutano a delineare idee e processi complessi e a riconoscere modelli e relazioni.

Una mappa cognitiva riproduce, come fosse il riflesso di uno specchio, la struttura dei neuroni e della modalità di pensiero più usata da menti geniali quali Einstein o Leonardo da Vinci, ovvero il pensiero radiale. Immagina un grande computer che si irradia su un'infinità di concetti chiave, in un numero infinito di nodi e di dati.

Grazie alle mappe cognitive potrai comunicare in modo efficace, generare idee e progetti nuovi, elaborare informazioni, memorizzare meglio, arricchire le tue presentazioni e molto altro.

Mappe cognitive, mappe mentali e mappe concettuali sembrano simili; questa somiglianza provoca confusione. Esistono tre modi diversi per visualizzare un modello mentale: quello del progettista, del ricercatore e dell'utente. Ognuno ha i suoi punti di forza e benefici.

- Mappe cognitive

Mappe cognitive è l'espressione generica che viene usata per tutte le rappresentazioni visive di modelli mentali. Tutte le tecniche di mappatura descritte sono in seguito si riferiscono al concetto di mappa cognitiva.

Definizione: una mappa cognitiva è una qualsiasi rappresentazione visiva del modello mentale di una persona (o di un gruppo) per un determinato processo o concetto. Le mappe cognitive non hanno regole visive alle quali devono obbedire: non ci sono restrizioni sul modo in cui i concetti e le relazioni tra essi sono rappresentati visivamente.

Storia: l'idea della mappa cognitiva nasce dal lavoro dello psicologo Edward Tolman, famoso per i suoi studi su come i topi hanno imparato a muoversi nei labirinti. In psicologia, essa ha una forte connotazione spaziale - le mappe cognitive di solito si riferiscono alla rappresentazione di uno spazio (ad esempio un labirinto) nel cervello.

Le mappe cognitive sono state utilizzate da allora in una serie di campi; Colin Eden, un esperto di ricerca operativa, ha usato il termine in un senso più ampio per riferirsi a una rappresentazione del modello mentale di qualsiasi tipo di processo o concetto (spaziale o meno).

Esempio di una mappa cognitiva: Il mapping cognitivo è in formato libero e può includere numerosi metodi di visualizzazione, inclusi elenchi puntati, diagrammi di flusso, diagrammi concettuali o mapping di affinità. Possono essere mappe digitali (e quindi ad alta fedeltà), o mappe cognitive a bassa fedeltà create con carta, penna e adesivi.

Caratteristiche:

- La mappatura cognitiva viene utilizzata in una vasta gamma di discipline per una varietà di scopi. Le mappe cognitive sono il tipo più generale di visualizzazione del modello mentale.

- Le mappe cognitive non devono aderire a un formato specifico. Pertanto, sono spesso astratte e non hanno una gerarchia coerente. Sono flessibili e possono ospitare una vasta gamma di concetti o situazioni che devono essere rappresentati.

- Le visualizzazioni (di qualsiasi tipo) aiutano nell'elaborazione cognitiva; possono aiutarci a perfezionare il nostro pensiero, le nostre idee e la nostra conoscenza. Ad esempio, una visualizzazione diventa uno strumento utile per descrivere dove è accessibile una nuova funzionalità o quando un nuovo membro del team è integrato in un nuovo sistema complesso.

- Identifica temi attraverso concetti diversi. Presentare concetti in un formato visivo può far emergere nuovi schemi e connessioni.

- Stimolazione del modello mentale. La mappatura cognitiva può aiutare i ricercatori a comprendere i modelli mentali degli utenti di un sistema o di un processo. Questa comprensione può essere cruciale quando si ricercano sistemi complessi o anche quando si intraprende la progettazione di un nuovo prodotto. La stimolazione del modello mentale viene di solito effettuata attraverso interviste individuali in cui i partecipanti costruiscono una rappresentazione visiva del loro modello mentale dell'argomento di ricerca. La mappa cognitiva risultante è una rappresentazione tangibile dei pensieri del partecipante e può servire da stimolo alla conversazione per il facilitatore. Diverse mappe di questo tipo possono essere raggruppate in base alle loro caratteristiche; queste categorizzazioni possono guidare il processo di progettazione del nuovo prodotto.

Le prossime due sezioni descrivono due tipi più vincolati di mappe cognitive: mappe mentali e mappe concettuali.

- Mappe mentali

Le mappe mentali sono il tipo più semplice di mappe cognitive. Hanno una gerarchia e un formato chiari e sono relativamente veloci da creare e utilizzare. Per le mappe mentali la conoscenza viene condensata in concetti-chiave. Esse sono particolarmente indicate per lo sviluppo della creatività (brainstorming).

Definizione: una mappa mentale ha una struttura ad albero che permette di rappresentare un argomento centrale e le sue diramazioni secondarie. Serve ad aiutare la mente a "digerire" concetti complessi in modo divertente, creativo e personalizzato.

Storia: Le caratteristiche principali delle mappe mentali sono radicate nello sviluppo di reti semantiche, una tecnica ideata negli anni '50 per rappresentare la conoscenza. Nel 1974, l'autore britannico Tony Buzan rese popolare il termine "mappatura mentale".

Esempio di una mappa mentale: Le mappe mentali hanno un argomento principale centrale, con nodi che si diramano verso l'esterno e le parti periferiche.

Caratteristiche:

- Organizzazione e struttura chiare. Le mappe mentali sono limitate alle strutture ad albero. Hanno flussi chiari e diretti verso l'esterno dalla radice dell'albero alle sue più esterne ramificazioni.

- Un argomento centrale. Nelle mappe mentali, tutti i nodi (tranne la radice dell'albero) hanno un solo nodo padre. Ogni nodo può avere figli corrispondenti agli argomenti secondari di quel concetto. Ogni concetto in una mappa mentale può essere ricondotto direttamente all'argomento principale.

- Non vi è definizione delle relazioni. Non vi è alcuna distinzione tra diversi tipi di relazioni tra i nodi: tutti i rami dell'albero sono rappresentati allo stesso modo e senza etichetta.

- Logica "associazionista": ciò che lega i concetti è la loro associazione a proprietà, idee, pensieri (è una logica non lineare, intuitiva, emotiva che si può immaginare appannaggio dell'emisfero destro del cervello).

- Mappe concettuali

Le mappe concettuali sono una versione più complessa delle mappe mentali. Pongono l'accento sull'identificazione delle relazioni tra argomenti. Inoltre, un nodo in una mappa concettuale può avere diversi genitori (mentre un nodo in una mappa mentale ne può avere solo uno). Per le mappe concettuali la conoscenza sta nelle relazioni tra concetti. Esse sono particolarmente indicate per lo sviluppo e la verifica dell'apprendimento.

Definizione: una mappa concettuale è un grafico in cui i nodi rappresentano concetti e sono collegati attraverso collegamenti etichettati e diretti che illustrano le relazioni tra di loro.

Storia: La mappatura dei concetti è stata sviluppata negli anni '70 dal professore americano Joseph Novak per aiutare gli insegnanti a spiegare argomenti complessi al fine di facilitare l'apprendimento, il mantenimento e il collegamento di questi nuovi argomenti con le conoscenze esistenti.

Esempio di una mappa concettuale: le mappe concettuali vengono lette dall'alto verso il basso; a differenza delle mappe mentali, un nodo può avere più genitori e i collegamenti sono etichettati per indicare le relazioni tra i nodi.

Caratteristiche:

- Ogni nodo può avere più di un genitore (ovvero un nodo che punta ad esso). Pertanto, i nodi in una mappa concettuale sono spesso più interconnessi rispetto ai nodi nelle mappe mentali, il che rende le mappe concettuali adatte per descrivere relazioni complesse.

- I collegamenti del grafico sono diretti ed etichettati con i nomi delle relazioni che collegano i vari nodi tra di loro. Ogni collegamento illustra una relazione specifica (e di solito è etichettato con un verbo o preposizione che la condensa).

- Collega i concetti all'azione. La mappatura dei concetti enfatizza le relazioni collegando un'idea a un'altra con i verbi. Questa caratteristica è utile quando si analizza un problema (le mappe spesso presentano cause ed effetti non ancora scoperti).

- Le mappe possono essere create individualmente o in un gruppo (se lo scopo è quello di creare una comprensione condivisa di un processo interno, per esempio.)

- Logica "connessionista": ciò che lega i concetti è una relazione orientata, definita, esplicita (è una logica lineare, razionale che si può immaginare appannaggio dell'emisfero sinistro del cervello).

Metodi a confronto

Quando si tratta di rappresentare lo spazio fisico, ci sono molti tipi di mappe possibili: mappe topografiche, mappe geologiche, mappe pedonali, mappe stradali e così via. Sono tutte rappresentazioni piane della superficie della terra, ma evidenziano diverse proprietà di questa superficie. I cartografi applicano linee guida diverse per la progettazione di una mappa escursionistica di un parco, una mappa autostradale di uno stato o una mappa politica di un continente.

Come le diverse mappe esistenti, tutti i tipi di mappe cognitive sono in qualche modo simili.

Le tre mappe sopracitate non sono dei diagrammi di flusso: un elenco di passaggi non dovrebbe essere adatto ad una mappa. Tuttavia, ci sono diversi benefici che si possono trarre dalla visualizzazione di un concetto, idea o processo attraverso una mappa cognitiva, mentale o concettuale, sia individualmente che in gruppo:

- Fornisce un pensiero visivo tangibile

- Comunica relazioni o modelli tra concetti

- Approfondisce la nostra conoscenza e comprensione di un argomento o concetto specifico

- Ci aiuta a integrare nuove idee con i sistemi esistenti

- Sintetizza un ecosistema complesso in un'unica visualizzazione che può essere condivisa

Prendere concetti sfocati e astratti e renderli tangibili migliora la comunicazione all'interno di un team e crea un terreno comune. È anche facile per una persona individuare immediatamente qualcosa sulla mappa e dire "questo non è corretto". Forse qualcosa non è stato rappresentato correttamente, o forse il problema sta a monte. In entrambi i casi, l'esercizio di mappatura ha individuato qualcosa che richiedeva ulteriori discussioni, che è molto più efficiente a lungo termine rispetto al procedere su un progetto con una comprensione disallineata.

Mappe cognitive, mappe mentali e mappe concettuali, in definitiva, migliorano la nostra comprensione cognitiva. L'uso di una tecnica rispetto a un'altra di per sé non migliora o peggiora un progetto.

Idealmente, una combinazione di tutte e tre può essere utilizzata in base alle esigenze, in diversi momenti del processo.

Visto in pratica: la mappa mentale

Basta una veloce ricerca sul web – o un giro in una libreria – per rendersi conto che le mappe mentali negli ultimi anni hanno raggiunto una non trascurabile notorietà. L' "invenzione" di Tony Buzan ha conquistato parecchi estimatori, e il motivo è piuttosto semplice: le mappe mentali sono facili da realizzare e molto efficaci ai fini della memorizzazione.

Fino ad ora ci siamo concentrati sulle caratteristiche dei diversi tipi di mappa che ci permettono di meglio "decostruire" un argomento e riorganizzarlo secondo le nostre necessità; senza dubbio questa è una funzionalità utilissima di ogni tipo di mappa, ma ciò che interessa a molti studenti è l'aiuto che le mappe possono fornire per lo studio e la memorizzazione. In ciò, le mappe mentali sono quasi insuperabili, grazie alla loro organizzazione visiva e alla capacità di sintetizzare tante informazioni in pochi concetti.

Vediamo allora, passo per passo, qual è il processo di costruzione di una mappa mentale.

1. Innanzitutto ti consiglio di prendere un foglio di dimensioni adatte all'argomento che vuoi "mappare": un foglietto formato A5 non potrà mai contenere la mappa della Divina Commedia! Non aver paura di realizzare una mappa grande, anche su un foglio formato A3. Ti basterà trovare il modo giusto per archiviare e organizzare tutte le tue mappe, ma almeno beneficerai di tutto lo spazio che ti serve. Ricorda che la mappa mentale ha una costruzione radiale, ovvero dal centro si espande verso l'esterno. Dunque se prevedi che ci saranno numerose ramificazioni, non lesinare sulle dimensioni del foglio

2. La parola-chiave centrale, il concetto da cui la mappa prende vita, merita la massima importanza: Buzan stesso consiglia di dedicare il giusto tempo a scriverla sul foglio, accompagnando il concetto con un disegno che lo rappresenti. Nella realizzazione

di una mappa mentale la creatività è molto importante: attraverso i colori e i disegni si punta a ottenere una elaborazione approfondita e personale delle informazioni, cosa che non può che giovare alla comprensione e alla memorizzazione

3. Sforzati di limitare il numero di rami che si dipartono dalla parola chiave centrale, dal tema della mappa. Proprio così: parte dell'efficacia della mappa mentale sta nella sua capacità di farci sintetizzare argomenti vasti e complessi, aiutandoci a focalizzarci solo sui concetti più importante. Buzan consiglia di cercare di non superare le cinque diramazioni primarie. Per ogni diramazione, scegli un colore di riferimento

4. Disegna le ramificazioni primarie e accompagna ognuna di esse con la parola-chiave che rappresenta. Per un'elaborazione ancora maggiore, rappresenta graficamente ognuno di questi concetti primari che derivano dal tema principale

5. Ora che hai concetto principale e ramificazioni primarie, dedicati alle ramificazioni secondarie, quelle che si dipartono dai concetti-chiave primari. Importante: ogni diramazione secondaria avrà lo stesso colore del concetto primario da cui si diparte

6. Non c'è limite alle diramazioni che puoi scegliere di creare, ricordati però che lo scopo della mappa mentale è quello di aiutarti a sintetizzare e fare chiarezza

7. Quando hai terminato la struttura puoi dedicarti ai collegamenti tra i vari concetti. Già, anche se ogni ramo è indipendente dall'altro, con l'aiuto di frecce o linee tratteggiate puoi esplicitare collegamenti logici tra concetti appartenenti a ramificazioni diverse

8. Come tocco finale, rendi quanto più possibile personale la mappa mentale: decora, disegna, collega, colora... Non pensare che siano stupidate o cose di poco conto, in realtà sono tutti metodi creativi per favorire l'interiorizzazione dei concetti contenuti nella mappa. Più elabori, più interiorizzi più personalizzi... più facile sarà ricordare ciò che hai sintetizzato tramite la mappa

Puoi costruire tutte le mappe mentali che desideri, al fine di elaborare e sintetizzare i più svariati argomenti. Ricorda che possono essere un validissimo aiuto per rinfrescarti la memoria su un argomento che non senti più di possedere saldamente: ti basterà leggere la mappa mentale per riattivare le informazioni memorizzate a suo tempo nella tua mente.

4. Manipolare il potere della Creatività

4.1 Come essere più creativi

"La creatività è contagiosa" – Albert Einstein

Potresti pensare alla creatività come a un dono della natura verso tutti gli artisti del mondo, oppure come un tratto personale che solo alcune persone, come imprenditori di successo o brillanti attori e improvvisatori, possiedono naturalmente. Invece, tutti possono essere più creativi semplicemente facendo alcuni passi aggiuntivi, non necessariamente in ordine lineare. Il percorso verso la creatività è più un avanti e indietro continuo, un processo in cui i passi verso una maggiore immaginazione e originalità si alimentano a vicenda.

La creatività è la capacità di trascendere l'ordinario. È la capacità di "pensare fuori dagli schemi" per trovare soluzioni originali ai problemi. Si tratta in effetti di un elemento necessario in tutti gli ambiti della nostra vita. Senza la creatività non avremmo le teorie matematiche di Einstein, e mettere piede sulla luna sarebbe rimasta pura fantascienza.

Per acquisire creatività probabilmente dovrai applicare un cambiamento radicale alla tua mentalità. Avere buone idee non è qualcosa alla portata di tutti, che semplicemente ignoriamo fino a quando non c'è un bisogno urgente di averle. Piuttosto è un'abilità che può (o deve) essere praticata quotidianamente per risolvere i problemi della vita, e scoprire così tutti i suoi risvolti pratici.

Ecco i passi principali da percorrere per coltivare la propria creatività, insieme a qualche suggerimento che può aiutarti lungo la strada.

Poni la domanda giusta

Pensa a come hanno iniziato la loro storia marchi di grande successo come Starbucks e Instagram. Nessuna delle due società sarebbe quella che è oggi se i suoi fondatori avessero continuato a cercare di rispondere alle domande originali per le quali cercavano una risposta. Invece di continuare a chiedersi "Come posso ricreare un bar italiano negli Stati Uniti?", alla fine Howard Shultz ha esaminato ciò che non funzionava con quell'idea, chiedendosi invece "Come posso creare un ambiente confortevole e rilassante per gustare un ottimo caffè?". E mentre Kevin Systrom inizialmente rifletteva su come creare una fantastica app per la condivisione della propria posizione, finì per porsi una domanda migliore: "Come possiamo creare una semplice app per la condivisione di foto?".

Rapidamente, senza pensarci troppo, scrivi 10 varianti della stessa domanda. Ad esempio, per la domanda "Come posso costruire una trappola per topi migliore?", potresti scrivere varianti tipo "Come faccio a far uscire i topi da casa mia?" o "Cosa vuole un topo?" o "Come posso rendere il mio cortile, e non la casa, più attraente per un topo?". Una delle tue nuove domande sarà probabilmente migliore di quella originale.

Fai una sorta di indagine nella tua vita e critica brutalmente un prodotto o una situazione imperfetta con la quale entri in contatto ogni giorno. Una volta che hai un elenco di critiche, pensa ai modi per eliminare questi fastidi. Questo può amplificare la creatività, perché i piccoli problemi sono spesso sintomi di quelli più grandi. Steve Jobs, un geniale innovatore, eccelleva nel trovare piccoli problemi che potessero distrarre l'utente dall'esperienza di un prodotto.

A volte prima di arrivare alla domanda giusta, devi creare qualcosa! Una volta fatto, immagina che la tua creazione venga utilizzata per scopi diversi dall'intenzione originale. Questo processo elimina i tuoi primi presupposti, costringendoti a considerare nuove prospettive.

Diventa un esperto

Il segreto di un successo eccezionale non risiede tanto nelle capacità naturali, quanto nella pratica deliberata. In effetti, la ricerca suggerisce che essere tra i migliori in qualcosa richiede almeno 10.000 ore di pratica. Tuttavia, non si tratta solo di ripetere sempre la stessa cosa. Dovresti sforzarti di padroneggiare compiti leggermente al di sopra delle tue capacità.

Devi diventare un esperto in un'area prima di poter essere davvero creativo in essa. Ai creatori di successo non solo piace la conoscenza, ma ne hanno proprio sete. Non possono smettere di fare domande e vanno sempre oltre ciò che hanno imparato da insegnanti e libri. Ci sono molti metodi per farlo.

Ascolta alcuni "TED talk": sono video gratuiti di discorsi stimolanti, divertenti o affascinanti fatti da persone brillanti. Usa tutti i tuoi sensi per approfondire un argomento. Supponiamo che tu voglia conoscere la città di Mystras, in Grecia. Potresti imparare un po' della lingua greca, cercare foto della Grecia online, cucinare un po' del cibo tradizionale del posto, guardare video delle feste tradizionali, trasmettere in streaming la radio locale e inviare un'e-mail a qualcuno del posto per ottenere informazioni su ciò che c'è da vedere in città.

Sii aperto e consapevole

I creativi sono sempre alla ricerca di possibili soluzioni. Puoi farlo diventando più consapevole e praticando la cognizione, il che implica notare intenzionalmente le cose e non associare le persone che incontri alle tue aspettative o alle categorie che hai stabilito nella tua mente. Invece, cerca di essere aperto e curioso e resisti all'istinto di stereotipare le persone.

I ricercatori hanno scoperto che le persone che si definiscono fortunate tendono a notare più cose ed eventi attorno a loro. Agiscono anche su opportunità impreviste e interagiscono bene con gli altri perché sono curiose. Le persone sfortunate tendono ad essere tese e così concentrate su obiettivi ristretti che si perdono l'opportunità di crescere.

Non lasciare che gli incidenti ti infastidiscano. Molte invenzioni - come la penicillina e la gomma da masticare - sono nate perché qualcuno non ha superato un ostacolo, ma invece che arrendersi lo ha studiato a fondo.

Gioca e fingi

Quando giochi, la tua mente può vagare e il tuo subconscio ha il tempo di lavorare. Ecco perché è necessario un periodo di riposo dal lavoro per far fiorire la creatività.

Esplora il futuro: immagina di avere un enorme successo tra cinque anni. Scrivi quanti più dettagli possibile su come si presenta questo successo. Quindi scrivi la storia di come sei arrivato fin lì ponendoti domande come "Qual è stato il primo passo che ho fatto per raggiungere il mio obiettivo?" o "Qual è stato un primo ostacolo e come lo ho superato?".

Lascia qualcosa di incompleto. Se alla fine della giornata lasci un compito leggermente incompiuto, potrebbe essere più facile iniziare il giorno successivo. Questo perché i fili cognitivi sono lasciati sospesi nella tua mente e mentre ti godi attività non lavorative, il tuo subconscio potrebbe darti una visione improvvisa. Mentre la nostra mente conscia è impegnata a fare altro, è proprio in quel momento che il subconscio risolve i problemi e le questioni che ci assillano.

Genera molte idee

Un modo divertente per iniziare ad allenare la capacità di generare nuove idee è quello di elencare usi insoliti per oggetti domestici comuni. Quali sono i modi in cui potresti usare una graffetta, un mattone o un coltello? Concediti cinque minuti per elaborare una lunga lista. Non preoccuparti se le tue idee ti dovessero sembrare stupide.

Questo semplice "esercizio" comporta la combinazione di concetti che normalmente non vanno insieme. In un recente studio, il neuroscienziato britannico Paul Howard Jones ha chiesto alle persone di creare storie dando loro solo tre parole. Ad un gruppo di persone ha dato parole correlate tra loro, come "spazzolino", "denti" e "splendore". Un altro gruppo di persone ha ricevuto parole non correlate come "mucca", "zip" e "stella". Le persone che hanno ricevuto le parole non correlate hanno inventato storie più creative.

Crea associazioni remote. Vai a pagina 56 in due libri diversi e leggi la quinta frase su ciascuno; ora crea una storia in grado di connettere le due frasi. Oppure impara ad usare delle analogie. Trova somiglianza tra due cose che apparentemente sembrano diverse. Invece di elencare "tagliente" o "metallo" per un coltello, ad esempio, identifica caratteristiche come "richiede una pressione leggera per tagliare".

Interagisci con persone diverse da te. Tutti tendono a circondarsi di persone che sono come loro stessi e questo li fa sentire sicuri e a proprio agio. Prova anche a immaginarti come qualcun altro, come uno chef, uno studente straniero, un ispettore edile. Come vedrebbero queste persone il mondo?

Scegli le idee migliori

Se hai seguito i primi sei passaggi, dovresti avere molte idee. Ora il trucco è scegliere le migliori. Per capire quali sono, devi fidarti del tuo intuito. Il consiglio è di adottare idee semplici, eleganti e robuste.

Fai competere le idee l'una contro l'altra. Selezionane due e definisci quanto sono diverse, anche nei modi più sottili. Oppure, se hai più di 50 idee, scrivine ognuna su un Post-it o su dei magneti. Metti le idee che sembrano correlate vicine. In questo modo scoprirai interessanti differenze tra le idee.

Guarda oltre gli aspetti positivi. Una volta che hai deciso che un'idea è buona, identifica i suoi pro e contro e assegna a ciascuno un numero compreso tra 1 e 10 in base a quanto ti sembra importante. Il totale dei pro dovrebbe essere significativamente più alto del conteggio dei contro. Dovresti anche pensare allo scenario peggiore. Quali cose terribili potrebbero accadere che potrebbero impedire il successo della tua idea?

Non smettere mai di modificare. Tutto può sempre essere migliorato. Trova qualcuno che possa farti da "avvocato del diavolo", che possa spiegarti tutti i motivi per cui la tua idea non è vincente. Oppure, chiedi alle persone di cui ti fidi e che saranno oneste con te di guardare criticamente alla tua idea. E ricorda che anche le idee che falliscono possono essere riproposte. Il Post-It stesso è stato inventato a partire da un adesivo che non funzionava molto bene!

Crea qualcosa con le tue grandi idee

La società di design IDEO della Silicon Valley utilizza il "pensiero progettuale", che cerca di ottenere versioni semplici di un'idea nel modo più veloce possibile, magari in un'ora o in un giorno, utilizzando materiali semplici come argilla o cartone per dare forma a un nuovo concetto. È un modo di pensare attraverso il fare, un processo che spesso porta a più idee.

Disegna o dipingi. Anche se pensi di non saper disegnare, puoi almeno scarabocchiare e comunque nessuno dovrà vedere il risultato finale a parte te. Problemi astratti - come la relazione con qualcuno o un carico di lavoro schiacciante - traggono maggiori benefici dal fatto di essere trasformati in schizzi. Disegna con forme esagerate o usando semplici simboli: dai via libera alla tua creatività.

Fai un collage. Prendi una pila di riviste e cerca foto e annunci. Ritaglia qualsiasi cosa relativa al tuo problema e incollala su un grande pezzo di cartoncino. Tieni questo collage vicino alla tua scrivania dove puoi contemplarlo tra una pausa e l'altra. Potresti guadagnare una nuova prospettiva sul tuo problema.

Costruisci qualcosa. Che sia Lego, pongo o argilla da modellare, sono tutti buoni materiali che puoi usare per "costruire" la tua idea.

Se generare buone idee fa parte del tuo lavoro, sai che è stressante quando ti sembra di essere bloccato e che non ci sia nulla di "fresco" nel tuo cervello. Nessun problema: la creatività è davvero un prodotto inesauribile. È solo questione di trovare un nuovo modo per riaccenderla.

Allena il muscolo della creatività ogni giorno

Tratta la creatività come un muscolo, che deve essere regolarmente allenato. Proprio come fai con la palestra, prova a dedicare un'ora ogni giorno a scrivere, disegnare, comporre o qualsiasi altra attività artistica di tua preferenza. E per continuare con l'analogia dell'allenamento, è importante fare delle pause durante queste sessioni. Se ti blocchi su un problema, a volte è utile allontanarsi dalla scrivania e fare una passeggiata intorno all'isolato o persino fare una doccia calda.

Riproduci musica in sottofondo: una giornata in ufficio può essere piena di riunioni e compiti ad alta priorità. La riproduzione di musica di sottofondo alla scrivania ti rilassa e ti impedisce di essere troppo serio tutto il tempo. Ti accorgerai di essere più aperto alla creatività quando sei calmo e riesci a pensare chiaramente.

Scopri a che ora del giorno funzioni meglio

Scopri il tuo momento più creativo della giornata e fissa un appuntamento giornaliero programmato. Se sei una persona mattiniera, sarà proprio di mattina che creerai la maggior parte dei tuoi concetti. C'è tutta una scienza attorno a questo argomento, devi imparare a diventare sempre più selettivo e disciplinato su come, dove e quanto investi la tua attenzione ogni giorno. Il ritmo della nostra giornata, da quando ci svegliamo a quando ci addormentiamo, è regolato da un orologio interno, che sincronizza con incredibile precisione tutte le funzioni biologiche, ma anche le funzioni di apprendimento e creatività. Insomma, ci sono dei momenti nell'arco della giornata in cui sarai più creativo, e questa informazione è scritta nel tuo DNA. Un libro interessante sull'argomento è *"The Power of When"* del dr. Micheal Breus (tradotto in italiano come *"Il potere del quando"*).

Metti giù quel telefono

Tutti sono in grado di risolvere i propri problemi in modo creativo, sia che siano marketer o ingegneri, ma i dispositivi elettronici possono inibire il pensiero creativo. La quantità di informazioni che riceviamo da telefoni e computer su base giornaliera è travolgente. A volte una pausa da questo sovraccarico sensoriale può ispirare nuove idee.

Nel mondo dei dati, questo può essere paragonato alla ricerca del segnale nel rumore o alla difficoltà di trovare dati significativi tra enormi volumi di informazioni. La creatività non sempre richiede maggiori informazioni o più stimoli, ma una mentalità migliore per esaminare il problema.

Cerca una vasta gamma di prospettive diverse

La creatività deriva dall'ottenere una vasta gamma di prospettive provenienti da diverse aree del sapere, poiché la maggior parte delle scintille dell'intuizione sono di natura interdisciplinare (nascono ad esempio combinando diversi argomenti, di solito ai margini opposti dello spettro disciplinare, in un modo unico e nuovo). Pertanto, è fondamentale accumulare quante più conoscenze e prospettive provenienti dalla più ampia gamma di argomenti possibile. La creatività, dopo tutto, consiste nel combinare la conoscenza in modi nuovi e unici.

Lavora per un'azienda che ti dia libertà. Nello yoga, un guru sta di fronte agli studenti e interpreta e corregge le pose per la classe: questo, ancorché utile, può anche limitare la libertà di ciascuno studente. I luoghi di lavoro hanno i loro organigrammi e una precisa catena di comando, ma è importante che l'individuo sia il "guru di sé stesso", prendendosi la libertà di allontanarsi dalle norme e pensare fuori dagli schemi. Spetta a tutti i membri di una squadra permettersi di essere il proprio guru e lasciare fluire le idee creative in modo naturale.

Riconosci quando gli "interruttori" impediscono la tua energia

L'energia è fondamentale non solo per la creatività, ma anche per la connettività. Quando siamo in modalità creativa, gli "interruttori" possono insinuarsi e bloccare la nostra energia, deviando il nostro pensiero. È importante capire che quando qualcosa impedisce alla nostra energia di fluire, questo limita la nostra creatività. Gli "interruttori" più comuni sono dubbio, disordine, conflitto, paura, stress e assenza di risorse. Ognuno ha la propria definizione di essi ma tutti hanno un impatto sulla nostra creatività. Quando riconosciamo la frequenza e l'intensità di ognuno di questi interruttori nella nostra vita quotidiana, saremo in grado di identificarli e aggirarli nel nostro cammino verso una soluzione più creativa.

Sfida l'ignoto

La creatività viene dall'ignoto. Quando lasci spazio all'ignoto e sfidi ciò che sai, accadono le cose più interessanti. È come un bambino che gioca - imparando i meccanismi di un gioco solo per distruggerli e ricostruirli di nuovo. Ripensa lo spazio, sfida l'ignoto. Lavora con qualcosa che non hai mai provato prima.

Rendi la creatività parte della tua routine quotidiana

La creatività è al centro di qualsiasi attività e dovrebbe quindi essere parte della tua routine quotidiana. In primo luogo, inizia ogni giorno con un po' di meditazione, per liberare la mente. Oppure recati a lavoro a piedi, per quanto possibile: l'aria fresca e il movimento ti permettono di sognare ad occhi aperti, guardarti intorno e pensare a nuove idee. Puoi ascoltare un'ampia varietà di podcast o audiolibri in grado di accendere la tua scintilla creativa prima di arrivare al lavoro. Pianifica anche una pausa per il pranzo fuori dall'ufficio ogni giorno, il che ti permette di uscire dalla routine e riflettere su priorità strategiche e progetti in modo più aperto e creativo.

Diventa disordinato, quindi perfeziona il tutto con i dati

Bilanciare la creatività con il prendere decisioni basate sui dati può essere difficile: vuoi provare qualcosa di nuovo e tuttavia sai che dovresti basarti su ciò che i dati ti dicono, perché in questo modo è più probabile che tu abbia successo. Per giungere a delle idee davvero di successo, devi consentire alle idee creative di fluire senza interruzioni. Quindi costringiti a fare un passo indietro e ad allontanarti dal computer. Spesso aiuta trovare qualcuno con cui parlare e usare una lavagna per cercare di spiegare, disegnare, e poi cancellare. Nel mondo di oggi questo può sembrare un processo po' confusionario, ma ti assicuro che nove volte su dieci ne uscirà qualcosa di fattibile. Dopodiché, torna ai dati per cercare segnali che possano aiutarti a perfezionare e dare vita alla tua idea.

Tutti conoscono quella sensazione di "blocco dello scrittore" che si presenta quando si fissa un foglio bianco su un quaderno o uno schermo. Utilizzando le intuizioni tratte dai dati – un po' come fosse il suggerimento di uno scrittore – hai una struttura all'interno della quale operare, che paradossalmente permette alla creatività di fiorire. Ad esempio, quando stai organizzando il brainstorming di una nuova campagna, è facile perdersi di fronte a infinite possibilità. A seconda dei tuoi obiettivi, prova ad utilizzare dei dati per formare uno scheletro creativo di base, che semplifica notevolmente il resto del lavoro.

4.2 Come usare la creatività per risolvere i problemi

Tratto dalle parole di Einstein:

"Non possiamo far finta che le cose cambieranno se continuiamo a fare le stesse cose. Una crisi può essere una vera benedizione per qualsiasi persona, per qualsiasi nazione, perché tutte le crisi portano progresso. La creatività nasce dall'angoscia proprio come il giorno nasce dalla notte buia. È nella crisi che

nascono l'inventiva, le scoperte e le grandi strategie. Chi supera una crisi supera sé stesso, restando insuperato.

Chi incolpa una crisi dei propri fallimenti disprezza il suo talento ed è più interessato ai problemi che alle soluzioni. L'incompetenza è la vera crisi. Il più grande svantaggio delle persone e delle nazioni è la pigrizia con la quale tentano di trovare le soluzioni dei loro problemi. Senza una crisi non c'è sfida. Senza sfide, la vita diventa una routine, una lenta agonia. Non c'è merito senza crisi.

È nella crisi che possiamo realmente mostrare il meglio di noi. Senza una crisi, qualsiasi pressione diventa un tocco leggero. Parlare di una crisi significa propiziarla. Non parlarne è esaltare il conformismo. Lavoriamo duro, invece. Facciamola finita una volta per sempre con l'aspetto davvero tragico della crisi: il non voler lottare per superarla." – "Il mondo come io lo vedo", *1934.*

La creatività è forse la più fraintesa tra tutte le discipline.

Secondo Donald N. MacKinnon, che è considerato uno dei più importanti ricercatori nel campo della creatività:

"Le persone creative hanno una notevole flessibilità cognitiva, comunicano facilmente, sono intellettualmente curiose e tendono a far fluire liberamente i loro impulsi".

I pensatori creativi tendono ad essere concentrati di energia pura e macchine per la produttività. Pensa a Richard Branson e Elon Musk. Un altro è Yoshiro Nakamatso, un inventore giapponese che afferma di aver avuto le sue idee migliori mentre era sott'acqua e gli mancava ossigeno. Ha inventato il floppy disk nel 1952, apparentemente a pochi secondi dalla morte per annegamento.

Ma questo ci porta a una domanda fondamentale. Perché non possiamo usare quelle "sfere di energia" e "idee brillanti" per risolvere i nostri problemi personali? Cosa potrebbe esserci di meglio che risolvere ogni tuo problema personale con la creatività?

Ad un certo punto della propria vita, ognuno di noi diventa un risolutore di problemi. Hai un problema quando la tua situazione attuale differisce dall'obiettivo desiderato. Vuoi essere ricco, ma il saldo del tuo account è in rosso. Vuoi uscire con quella persona meravigliosa, ma ti si attorciglia la lingua ogni volta che ci pensi. Stai aspettando una promozione ma il tuo capo non si decide. In ogni caso, ciò che vuoi e ciò che hai sono decisamente diversi.

E nella maggior parte dei casi, abbiamo i mezzi e la motivazione per risolvere il problema, ma non esiste una procedura chiara per risolverlo. Camminiamo e vacilliamo per un po' di tempo e finalmente ci arrendiamo. Fine della storia.

Ma non deve essere sempre così. Se si continuano ad applicare tecniche di creatività in ogni aspetto e in tutti i settori della vita, in un futuro non lontano si può emergere come risolutori di problemi. Il compito può richiedere uno sforzo notevole, ma ti assicuro che può essere fatto.

Queste riflessioni ci portano all'affascinante studio fatto dal geniale matematico George Pólya (1887–1985). La sua monografia per la risoluzione dei problemi, intitolata "Come risolverlo", riassume il processo di risoluzione dei problemi come ti illustro di seguito.

Innanzitutto, assicurati di aver compreso il problema. Puoi farlo sviluppando una mentalità adatta alla risoluzione dei problemi.

Dopo averlo compreso, crea un piano per risolverlo.

Procedi con il piano mettendo in atto le soluzioni.

Guarda il lavoro completato e chiediti: "come potrei migliorarlo?"

George Pòlya ha scoperto che la maggior parte delle persone commette un enorme errore che fa deragliare l'intero processo, rendendo molto meno probabile il successo. Qual è l'errore?

Saltare il primo passo.

Quasi tutti entrano subito nella modalità di "risoluzione dei problemi" senza passare dalla mentalità necessaria per la "comprensione dei problemi". Ciò riduce ogni brillante soluzione a... una finzione. Il processo di risoluzione dei problemi, alla fine, finisce per spingere il vero problema sotto al tappeto.

Se le persone trascorressero più tempo a sviluppare una piena comprensione del problema, confrontando ciò che attualmente conoscono sul problema con ciò che devono sapere per ottenere un quadro completo della situazione, è più probabile che raggiungerebbero soluzioni di successo.

Ecco alcuni semplici modi in cui può essere sviluppata la comprensione del problema.

Entra nella mentalità "Cosa"

In linea di massima, ci possono essere due mentalità per risolvere i problemi. Una è creativa, l'altra è distruttiva. La mentalità "Cosa" inizia con le seguenti domande:

- Qual è la causa principale del problema?

- Quali opzioni ho a disposizione per correggere il problema?

- Cosa posso fare per evitare che si verifichi nuovamente il problema?

D'altra parte, la mentalità "Chi" inizia con le seguenti domande:

- Chi è il deficiente che ha causato il problema?

- Chi può aiutarmi a raccogliere prove per dimostrare che non è colpa mia?

- Chi può aiutarmi a liberarmi di quell'incapace?

Vedi la differenza tra i due approcci?

A volte cadiamo nella secolare trappola del gioco della colpa. In questi casi, vuoi fare della ricerca del colpevole la tua massima priorità. Non sei tu? Anche se la risposta è no, la tua massima priorità dovrebbe essere *risolvere il problema.*

Puoi inavvertitamente alimentare il problema dicendo cose che lo complicano ulteriormente e che mettono le persone sulla difensiva. Oppure, puoi concentrarti sul problema stesso e chiederti "Cosa posso fare per migliorare la situazione da questo punto di vista?". Concentra il flusso di idee e le "sfere di energia" su possibili soluzioni al problema, invece di pensare a come appioppare la colpa a qualcuno.

Ricorda che è molto più utile trovare possibili soluzioni che puntare il dito. È il risultato positivo finale quello che conta. Ci siamo passati tutti: nelle situazioni "ad alta pressione", dove non c'è tempo, soccombiamo e applichiamo una soluzione rapida ed efficace a breve termine.

Ci limitiamo di fatto ad applicare un cerotto. Il problema cresce, una soluzione rapida alla volta. Un cerotto alla volta. Ogni soluzione rapida, che ignora il pervasivo problema sottostante, contribuisce a formare una massa di sabbie mobili che alla fine ti risucchia la vita, rendendo i problemi irrisolvibili.

La soluzione è non cadere vittima della tirannia di questo meccanismo, evitando di ricorrere alle rapide soluzioni a cui giungi quando sei sotto pressione senza una profonda comprensione del vero problema e delle possibili conseguenze.

Non fraintendermi, non ti sto colpevolizzando. È facile cadere preda di questa tentazione: le soluzioni rapide sono molto seducenti. Se non si guarda troppo al futuro, sembra che funzionino. Ma in una prospettiva più a lungo termine, potresti anche trovarti a camminare attraverso un campo disseminato di mine esplosive.

Ricorda sempre che una soluzione creativa non ha angoli bui o misteriosi. Ogni parte della soluzione si trova alla luce del giorno. Anche se potresti non conoscere tutti i dettagli di come le cose andranno in futuro, avrai comunque messo in atto un percorso ben definito per andare avanti. Non esistono soluzioni rapide e semplici.

Non credere alle soluzioni temporanee. Investi la tua energia per trovare soluzioni definitive, anche se più impegnative da portare a termine.

Critica le idee, non le persone

Hai un problema. Chiedi aiuto a Giacomo, che propone una soluzione e non ne sei soddisfatto.

Puoi reagire in tre modi possibili:

- Respingere Giacomo e chiamarlo incompetente.

- Respingere l'idea proposta da Giacomo.

- Discutere un po' di più dell'idea di Giacomo.

La prima scelta non è affatto intelligente. Anche se Giacomo è un terribile incompetente, trattarlo in quel modo molto probabilmente dissuaderà Giacomo dall'offrirti altre delle sue idee in futuro. La seconda opzione è la via di mezzo ma non aiuterà né te né Giacomo ad andare avanti. Non è un granché. Quindi che si fa?

Rimane solo la terza opzione. Nessuna accusa. Nessun giudizio. Solo una semplice conversazione. Permette a Giacomo di capire meglio il problema. È l'inizio di una conversazione, non una discussione. Una piccola dose di cortesia ti aiuterà molto a rimanere concentrato sui meriti puri dell'idea ed evitare distrazioni personali.

Ricorda che siamo tutti in grado di generare idee innovative eccellenti e siamo tutti ugualmente in grado di proporre soluzioni stupide. Anche se l'idea non è un granché, potrebbe aiutare a modellare la soluzione, mostrando il percorso migliore da seguire. Non devi essere eccezionale per iniziare, ma devi iniziare per essere eccezionale.

"Non c'è nulla di permanente tranne il cambiamento", disse Eraclito. Questo è stato vero nel corso della storia ed è ancor più vero nei tempi che viviamo ora. Sei in un emozionante mondo sempre in movimento. Puoi essere un professionista in qualsiasi campo, ma se stai pensando di aver finito con l'apprendimento, ti sbagli di grosso.

In effetti, la maggior parte dei nostri problemi potrebbe essere dovuta al fatto che non siamo adeguatamente attrezzati per affrontarli. Non siamo al passo con i tempi e siamo tristemente obsoleti. E ciò limita le nostre capacità di problem solving.

Come puoi tenerti al passo con i tempi?

- Impara in modo iterativo e incrementale.

- Organizzati in modo tale da avere un po' di tempo ogni giorno per riposarti e recuperare energia. Non deve essere tanto tempo ma deve essere regolare.

- Il web è vasto. Usalo! Leggi blog e risorse online per farti un'idea dei problemi in cui le persone si imbattono e delle soluzioni che potrebbero aiutarti a risolvere i tuoi problemi.

- Partecipa a seminari e conferenze. Le conferenze riuniscono esperti. Questi incontri sono una grande opportunità per imparare direttamente da loro.

- Leggi voracemente: l'importanza della lettura non può essere sopravvalutata. Come ha detto Stephen King, "Se non hai tempo di leggere, non hai il tempo (o gli strumenti) per nient'altro. È molto semplice."

- Ricorda che non devi e non puoi essere un esperto in tutto. Ma stai attento ai cambiamenti del mondo in cui vivi e pianifica la tua carriera e il tuo futuro di conseguenza.

- E infine, mantieni un registro delle soluzioni.

Questo potrebbe sembrare banale, ma un registro delle soluzioni è uno strumento di risoluzione dei problemi molto importante che viene spesso trascurato. I problemi si verificano e si ripresentano nella vita, nel lavoro e persino nelle relazioni, su base perenne. E non ha senso reinventare la ruota ogni volta che lo stesso problema si ripresenta. Quando appare un problema, invece di dire "Ehi, questo mi è già successo, ma non ho idea di come l'ho risolto!", puoi cercare rapidamente la soluzione che hai usato in passato. Inutile dire che questo non solo ti farà risparmiare tempo, ma aumenterà la tua autostima e la fiducia in te stesso in maniera impensabile.

Ricorda, la creatività nella risoluzione dei problemi viene da te stesso; dallo studiare e comprendere il problema; e infine dal trovare una soluzione, in quest'ordine.

Come ha giustamente affermato Albert Einstein:

"Non possiamo risolvere i nostri problemi con lo stesso tipo di pensiero che li ha creati".

5. Indovinelli di Einstein

Solo il 2% delle persone riesce a risolvere gli enigmi di Einstein: il 98% non è in grado di trovare la soluzione al problema. Sì, sono proprio difficili.

Non c'è niente come un buon indovinello per stimolare la tua mente e darti una scusa per incanalare il tuo Sherlock Holmes interiore. Certo, l'emozione di risolverli potrebbe non darti la scarica di adrenalina di un volo con il paracadute, ma fare regolarmente esercizi di logica e cruciverba può mantenere il tuo cervello giovane (e possono essere anche molto divertenti!).

Ora puoi portare le tue capacità di problem solving al livello successivo, utilizzando gli indovinelli inventati da Albert Einstein. La storia narra che Einstein scrisse uno di questi enigmi complicati quando era giovane e stimò che solo il due per cento delle persone che cercavano di risolverlo lo avrebbe fatto con successo.

Sebbene non ci siano prove concrete che confermino che Einstein abbia creato questo indovinello - e in qualche modo profetizzato il numero esatto di persone che avrebbero potuto risolverlo – rimane comunque un puzzle molto interessante.

L'indovinello Zebra è un noto indovinello di logica. Esistono molte versioni di questo rompicapo, inclusa una versione pubblicata sulla rivista *Life International* il 17 dicembre 1962. Il numero di *Life* del 25 marzo 1963 conteneva la soluzione e i nomi di diverse centinaia di solutori di successo provenienti da tutto il mondo.

L'indovinello è spesso chiamato "Puzzle di Einstein" o "Enigma di Einstein", ma a volte è anche attribuito a Lewis Carroll. Tuttavia, non ci sono prove conosciute e la versione pubblicata su *Life International* dell'indovinello menziona marchi di sigarette (Kools) che non esistevano durante la vita di Carroll o la fanciullezza di Einstein.

L'indovinello Zebra è stato utilizzato come punto di riferimento nella valutazione degli algoritmi informatici per la risoluzione dei problemi.

Eccolo qui, il più famoso degli indovinelli di Einstein.

"C'è una fila di cinque case di colore diverso. Ogni casa è occupata da un uomo di diversa nazionalità. Ogni uomo ha un animale domestico diverso, preferisce una bevanda diversa e fuma una diversa marca di sigarette.

- Il britannico vive nella casa rossa.

- Lo svedese ha un cane.

- Il Danese beve tè.

- La casa verde è accanto alla casa bianca, a sinistra.

- Il proprietario della casa verde beve il caffè.

- La persona che fuma Pall Mall ha un uccello.

- Il proprietario della casa gialla fuma Dunhill.

- L'uomo che vive nella casa al centro beve latte.

- Il norvegese vive nella prima casa.

- L'uomo che fuma Blends vive accanto a quello che ha un gatto.

- L'uomo che ha un cavallo vive accanto all'uomo che fuma Dunhill.

- L'uomo che fuma Blue Master beve birra.

- Il tedesco fuma Prince.

- Il norvegese vive vicino alla casa blu.

- L'uomo che fuma Blends ha un vicino che beve acqua.

Chi ha il pesce?"

Fai parte del 2% della popolazione?

Troverai la soluzione dell'indovinello all'interno dell'ultimo capitolo "Conclusioni".

Libri

Un altro esempio di indovinello a griglia è stato pubblicato nel mese di novembre 1986.

"Otto coppie sposate si incontrano per prestarsi l'un l'altro dei libri. Le coppie hanno lo stesso cognome, occupazione e auto. Ogni coppia ha un colore preferito. Inoltre, conosciamo i seguenti fatti:

- Daniella Black e suo marito lavorano come commessi.

- Il libro "The Seadog" è stato portato da una coppia che guida una Fiat e ama il colore rosso.

- A Owen e sua moglie Victoria piace il colore marrone.

- A Stan Horricks e sua moglie Hannah piace il colore bianco.

- Jenny Smith e suo marito lavorano come magazzinieri e guidano un Wartburg.

- Monica e suo marito Alexander hanno preso in prestito il libro "Nonno Joseph".

- A Matthew e sua moglie piace il colore rosa e ha portato il libro "Mulatka Gabriela".

- Irene e suo marito Oto lavorano come contabili.

- Il libro "We Were Five" è stato preso in prestito da una coppia alla guida di una Trabant.

- I Cermak sono entrambi controllori e hanno portato il libro "Shed Stoat".

- I coniugi Kuril sono entrambi dottori e hanno preso in prestito il libro "Slovacko Judge".

- A Paul e sua moglie piace il colore verde.

- A Veronica Dvorak e suo marito piace il colore blu.

- Rick e sua moglie hanno portato il libro "Slovacko Judge" e guidano una Ziguli.

- Una coppia ha portato il libro "Dame Commissar" e ha preso in prestito il libro "Mulatka Gabriela".

- La coppia che guida una Dacia, adora il colore viola.

- La coppia di insegnanti ha preso in prestito il libro "Dame Commissar".

- La coppia di agricoltori guida una Moskvic.

- Pamela e suo marito guidano una Renault e hanno portato il libro "Nonno Joseph".

- Pamela e suo marito hanno preso in prestito il libro che i coniugi Zajac hanno portato.

- A Robert e sua moglie piace il colore giallo e hanno preso in prestito il libro "La commedia moderna".

- I signori Swain lavorano come shoppers.

- "The Modern Comedy" è stato portato da una coppia alla guida di una Skoda.

Riesci a scoprire tutto su tutti?"

La soluzione si trova alla fine del capitolo "Conclusioni".

Navi

Il seguente indovinello a griglia è più semplice dei precedenti.

"Ci sono 5 navi in un porto.

- La nave greca parte alle sei e trasporta caffè.

- La nave nel mezzo ha un comignolo nero.

- La nave inglese parte alle nove.

- La nave francese con un comignolo blu è alla sinistra di una nave che trasporta il caffè.

- A destra della nave che trasporta il cacao c'è una nave che va a Marsiglia.

- La nave brasiliana si sta dirigendo verso Manila.

- Accanto alla nave che trasportava il riso c'è una nave con un comignolo verde.

- La nave che va a Genova parte alle cinque.

- La nave Spagnola parte alle sette ed è a destra della nave che va a Marsiglia.

- La nave con un comignolo rosso va ad Amburgo.

- Accanto alla nave che parte alle sette c'è una nave con un comignolo bianco.

- La nave al confine trasporta mais.

- La nave con un comignolo nero parte alle otto.

- La nave che trasporta il mais è ancorata accanto alla nave che trasporta il riso.

- La nave per Amburgo parte alle sei.

Quale nave va a Port Said? Quale nave trasporta il tè?"

Orti

"Cinque amici hanno i loro orti uno accanto all'altro, dove coltivano tre tipi di colture: frutta (mela, pera, noce, ciliegia), verdure (carota, prezzemolo, zucca, cipolla) e fiori (aster, rosa, tulipano, giglio).

- Crescono 12 diverse varietà

- Ognuno coltiva esattamente 4 diverse varietà

- Ogni varietà è almeno in un giardino.

- Solo una varietà è in 4 giardini.

- Solo in un giardino ci sono tutti e 3 i tipi di colture.

- Solo in un giardino sono tutte e 4 le varietà di un tipo di colture.

- Le pere sono solo nei due giardini di confine.

- Il giardino di Paul è nel mezzo ed è senza gigli.

- Il coltivatore di aster non coltiva verdure.

- Il coltivatore di rose non coltiva il prezzemolo.

- Il coltivatore di noci ha anche zucca e prezzemolo.

- Nel primo giardino ci sono mele e ciliegie.

- Solo in due giardini ci sono le ciliegie.

- Sam ha cipolle e ciliegie.

- Luca coltiva esattamente due tipi di frutti.

- I tulipani sono solo in due giardini.

- Le mele sono in un unico giardino.

- Solo in un giardino vicino a quello di Zick c'è il prezzemolo.

- Il giardino di Sam non è al confine.

- Hank non coltiva né ortaggi né astri.

- Paolo ha esattamente tre tipi di verdura.

Chi ha quale giardino e cosa cresce dove?"

Ricorda di verificare le tue intuizioni al termine del capitolo "Conclusioni"!

6. Definire obiettivi SMART

Ti senti mai come se stessi lavorando sodo ma non riuscissi a combinare niente di buono? Forse, quando rifletti sugli ultimi cinque o dieci anni, vedi piccoli miglioramenti nelle tue abilità o risultati trascurabili. O forse fai fatica ad immaginare come potrai realizzare i tuoi desideri nei prossimi anni.

Molte persone trascorrono la propria vita "alla deriva" da un lavoro a un altro, o si affrettano a cercare di fare di più realizzando davvero pochissimo. Impostare obiettivi SMART significa chiarire le tue idee, focalizzare i tuoi sforzi, usare il tuo tempo e le tue risorse in modo produttivo e aumentare le tue possibilità di raggiungere ciò che desideri nella vita. È uno strumento essenziale se desideri imparare di più e soprattutto in modo più efficace, proprio come farebbe un genio del calibro di Einstein.

Cosa significa SMART?

SMART è un acronimo, utile per guidare la definizione dei propri obiettivi.

I suoi criteri sono comunemente attribuiti a una teoria di Peter Drucker, il cosiddetto "Management by Objectives". Il primo uso noto del termine è da rintracciare nel numero di novembre 1981 di *Management Review* di George T. Doran. A seguire, il professor Robert S. Rubin (Saint Louis University) ha scritto del metodo SMART in un articolo per *The Society for Industrial and Organizational Psychology*, nel quale affermava che SMART ha assunto significati diversi per persone diverse, come mostrato di seguito.

Per essere sicuro che i tuoi obiettivi siano chiari e raggiungibili, secondo la teoria degli obiettivi SMART ognuno di essi dovrebbe essere:

Specific - Specifico (semplice, sensibile, significativo).

Measurable - Misurabile (significativo, motivante).

Achievable - Realizzabile (concordato, raggiungibile).

Relevant - Rilevante (ragionevole, realistico e dotato di risorse, basato sui risultati).

Time Limited - Limitato nel tempo (basato su un tempo limitato, tempestivo).

Inoltre, potrebbe essere necessario aggiornare la definizione dell'acronimo SMART per riflettere l'importanza di efficacia e feedback. Infatti, alcuni autori l'hanno ampliato per includere aree extra di interesse; l'acronimo SMARTER, ad esempio, include *Evaluated* - Valutato e *Reviewed* - Rivisto.

Come usare gli obiettivi SMART

Paul J. Meyer, uomo d'affari, autore e fondatore di *Success Motivation International*, descrive le caratteristiche degli obiettivi SMART nel suo libro del 2003 *"L'atteggiamento è tutto: se vuoi avere successo al di sopra della media"*. Le sue definizioni sono molto utili per esplorare come creare, sviluppare e raggiungere i tuoi obiettivi.

1. Specifico

Il tuo obiettivo dovrebbe essere chiaro e specifico, altrimenti non sarai in grado di concentrare i tuoi sforzi o sentirti abbastanza motivato per raggiungerlo. Nel redigere il tuo obiettivo, prova a rispondere alle cinque domande di base:

- Cosa voglio realizzare?

- Perché questo obiettivo è importante?

- Chi è coinvolto?

- Dove si trova?

- Quali risorse o limiti sono coinvolti?

Esempio:

Immagina di essere attualmente un dirigente di marketing e che tu voglia diventare capo del settore marketing. Un obiettivo specifico potrebbe essere "Voglio acquisire le competenze e l'esperienza necessarie per diventare responsabile del settore marketing all'interno della mia azienda, in modo da poter avanzare nella mia carriera e guidare un team di successo".

2. Misurabile

È importante avere obiettivi misurabili, in modo da poter monitorare i tuoi progressi e rimanere motivato. Valutare i tuoi progressi ti aiuta a rimanere concentrato, a rispettare le scadenze e a provare l'eccitazione di avvicinarti al raggiungimento del tuo obiettivo.

Un obiettivo misurabile dovrebbe rispondere a domande come:

- Quanto?

- Quanti?

- Come farò a sapere quando l'avrò raggiunto?

Esempio:

Potresti misurare il tuo obiettivo di acquisizione delle competenze necessarie per diventare responsabile del settore marketing una volta che avrai completato i corsi di formazione necessari e acquisito l'esperienza pertinente, il tutto entro un limite temporale di cinque anni.

3. Raggiungibile

Il tuo obiettivo deve anche essere realistico e raggiungibile affinché tu possa avere successo nel raggiungerlo. In altre parole, dovrebbe ampliare le tue capacità ma rimanere comunque realizzabile. Quando stabilisci un obiettivo raggiungibile, potresti essere in grado di identificare opportunità o risorse precedentemente trascurate che possono aiutarti.

Un obiettivo raggiungibile di solito risponderà a domande come:

- Come posso raggiungere questo obiettivo?

- Quanto è realistico l'obiettivo se si considerano altri vincoli, come i fattori finanziari?

Esempio:

Potrebbe essere necessario chiedersi se lo sviluppo delle competenze richieste per diventare responsabile del settore marketing sia realistico, in base alla propria esperienza e qualifiche in proprio possesso. Ad esempio, hai il tempo di completare efficacemente la formazione richiesta? Sono disponibili le risorse necessarie? Puoi permetterti di farlo?

Fai attenzione alla definizione degli obiettivi su cui qualcun altro ha il potere. Ad esempio, "Ottenere la promozione" dipende dalla decisione di qualcun altro. Ma "ottenere l'esperienza e la formazione di cui ho bisogno per essere preso in considerazione per quella promozione" dipende interamente da te.

4. Rilevante

Questo passaggio consiste nel garantire che il tuo obiettivo sia importante per te e che si allinei anche con i tuoi altri obiettivi. Tutti abbiamo bisogno di supporto e assistenza per raggiungere i nostri obiettivi, ma è importante mantenere il controllo su di essi. Quindi, assicurati che i tuoi piani ti aiutano a raggiungere il tuo obiettivo fondamentale.

Un obiettivo rilevante dovrebbe farti rispondere "sì" a queste domande:

- Ti sembra utile?

- È il momento giusto?

- Corrisponde ai tuoi sforzi / bisogni?

- Sei la persona giusta per raggiungere questo obiettivo?

- È applicabile nell'attuale contesto socioeconomico?

Esempio:

Potresti voler acquisire le competenze per diventare capo del settore marketing all'interno della tua organizzazione, ma è il momento giusto per intraprendere la formazione richiesta o lavorare per ottenere ulteriori qualifiche? Sei sicuro di essere la persona giusta per il ruolo?

Hai considerato gli obiettivi del tuo coniuge? Ad esempio, se vuoi creare una famiglia, completare la formazione nel tuo tempo libero renderebbe questo più difficile?

5. Limitato nel tempo

Ogni obiettivo ha bisogno di una data limite, in modo da avere una scadenza su cui concentrarsi e in vista della quale lavorare. Questa parte dei criteri degli obiettivi SMART aiuta a impedire che le attività quotidiane abbiano la priorità rispetto agli obiettivi a lungo termine.

Un obiettivo a tempo determinato generalmente risponderà a queste domande:

- Quando?

- Cosa posso fare tra sei mesi?

- Cosa posso fare tra sei settimane?

- Cosa posso fare oggi?

Esempio:

Acquisire le competenze per diventare responsabile del settore marketing può richiedere ulteriore formazione o esperienza, come abbiamo detto in precedenza. Quanto tempo impiegherai per acquisire queste abilità? Hai bisogno di ulteriore formazione, in modo da poter beneficiare di determinati esami o qualifiche? È importante darsi un lasso di tempo realistico per raggiungere gli obiettivi più piccoli necessari al raggiungimento del tuo obiettivo finale.

Vantaggi e svantaggi

La tecnica SMART è uno strumento efficace che ti aiuta a trovare la chiarezza, la concentrazione e la motivazione necessarie per raggiungere i tuoi obiettivi. Può anche migliorare la tua capacità di raggiungerli, incoraggiandoti a definire i tuoi obiettivi e a fissare una data di completamento. Gli obiettivi SMART sono anche facili da usare per chiunque, ovunque, senza la necessità di strumenti specialistici o di alcun tipo di formazione.

Varie interpretazioni che negli anni sono state date della tecnica SMART hanno fatto sì che il metodo sia stato frainteso o percepito addirittura come poco efficace. Alcune persone credono che la tecnica SMART non funzioni bene per obiettivi a lungo termine perché manca di flessibilità, mentre altri suggeriscono che potrebbe soffocare la creatività.

Ciò che è certo è che quando si utilizza la tecnica SMART è possibile creare obiettivi chiari, raggiungibili e significativi e sviluppare la motivazione, il piano d'azione e il supporto necessari per raggiungerli.

Forse hai sempre sognato di viaggiare per il mondo, ma non è mai successo. Forse ti dici che non hai il tempo o i soldi e ci penserai l'anno prossimo.

Prova a impostare obiettivi SMART per aiutarti a rendere i tuoi piani di viaggio specifici, misurabili, realizzabili, pertinenti e limitati nel tempo. Potresti scoprire che il vero motivo per cui non hai viaggiato è perché i tuoi piani sono stati troppo vaghi o irrealistici. Pensa a come puoi regolare la tua visione e riformularla come un obiettivo SMART, in modo da poter realizzare il tuo sogno.

Stabilisci obiettivi che ti motivano

Quando stabilisci degli obiettivi per te stesso, è importante che ti motivino: questo significa assicurarsi che siano importanti per te e che ci sia valore nel raggiungerli. Se hai scarso interesse nel risultato, o se sono irrilevanti una volta inseriti in un quadro più ampio, allora le possibilità che tu ti dedichi al lavoro necessario per realizzarli sono piuttosto scarse. La motivazione è la chiave per raggiungere gli obiettivi.

Stabilisci obiettivi che riguardano le priorità della tua vita. Senza questo tipo di concentrazione, potresti impostare troppi obiettivi, lasciandoti troppo poco tempo da dedicare a ciascuno. Il raggiungimento degli obiettivi richiede impegno, quindi per massimizzare le probabilità di successo devi sentire quasi un senso di "urgenza" e, cosa importantissima, sviluppare un atteggiamento vincente. Altrimenti rischi di rimandare ciò che devi fare per trasformare l'obiettivo in realtà. Questo a sua volta ti farà sentire deluso e frustrato, e il risultato finale è che sarai fortemente demotivato. In conclusione, potresti trovarti preda di uno stato d'animo molto distruttivo.

Scrivi i tuoi obiettivi

L'atto fisico di scrivere un obiettivo lo rende reale e tangibile. Non hai scuse per dimenticartene. Mentre scrivi, usa il tempo verbale presente invece di forme come "vorrei" o "potrei". Ad esempio, "Riduco le mie spese operative del 10% quest'anno", non "Vorrei ridurre le mie spese operative del 10% quest'anno". La prima dichiarazione comporta un certo potere e ti aiuta a "vedere" te stesso ridurre le spese, la seconda invece manca di passione e ti dà una scusa perfetta nel caso tu ti distragga dall'obiettivo.

Inquadra il tuo obiettivo in modo positivo. Ad esempio, pensa al tuo obiettivo in questa maniera "Per il prossimo trimestre mantengo tutti i dipendenti esistenti", anziché in quest'altra maniera "Ridurrò il turnover dei dipendenti". Il primo obiettivo è motivante; il secondo comporta una clausola di esenzione che "consente" di avere successo anche se alcuni dipendenti se ne vanno.

Se per le tue attività quotidiane ti servi di un elenco di cose da fare, metti tutti i tuoi obiettivi in cima. I tuoi obiettivi dovrebbero essere la tua priorità. Metti i tuoi obiettivi in luoghi visibili per ricordare a te stesso ogni giorno cosa intendi fare. Mettili su pareti, scrivania, monitor del computer, specchio del bagno o frigorifero, come fosse un promemoria costante.

Prepara un piano d'azione

Questo passaggio è spesso ignorato nel processo di definizione degli obiettivi. Ti concentri così tanto sul risultato che ti dimentichi di pianificare tutti i passaggi necessari per raggiungere il tuo obiettivo. Scrivendo i singoli passaggi e poi cancellandoli uno ad uno quando li completi, ti renderai conto che stai facendo progressi verso il tuo obiettivo finale. Ciò è particolarmente importante se il tuo obiettivo è grande e impegnativo o se è a lungo termine.

Sii persistente

Ricorda, la definizione degli obiettivi è un'attività "in progress", non solo un mezzo per raggiungere un fine. Crea promemoria per tenerti sempre aggiornato e trova regolarmente il tempo per rivedere i tuoi obiettivi. La destinazione finale potrebbe rimanere abbastanza simile a lungo termine, ma il piano d'azione che hai impostato lungo il percorso può cambiare in modo significativo, molte volte. Assicurati che pertinenza, valore e necessità del tuo obiettivo rimangano elevati.

Conclusioni

Einstein era un uomo straordinario, un genio e un creatore. Il mondo ha con lui un debito di gratitudine per tutto ciò che ci ha lasciato, ed egli è veramente un modello da emulare. Se vuoi essere come Einstein, scoprirai che è più facile a dirsi che a farsi. Non solo Einstein aveva un incredibile intelletto, ma aveva una visione del mondo unica che gli permetteva di pensare fuori dagli schemi.

Ma se trasformarsi in un genio dalla sera alla mattina potrebbe essere un'impresa impossibile, cambiare il proprio modo di pensare e diventare una persona più geniale nella vita di tutti i giorni è una missione davvero a portata di tutti. Se sei giunto fino a qui e hai letto dunque l'intero libro, dovresti aver capito che siamo il risultato di tante piccole azioni che compiamo ogni giorno. Se il tuo obiettivo finale è quello di diventare una mente più brillante, non hai che da rimboccarti le maniche e iniziare, un passo alla volta, ad adottare nuove abitudini, nuovi modi di fare e di pensare, mantenendo la mente aperta e guardando a tutto ciò che ti circonda con estrema curiosità. Ricorda che l'atteggiamento verso il problema è già parte della soluzione!

Se vuoi diventare un genio come Einstein, ecco qualche consiglio finale che mi sento di darti per iniziare a pensare come lui. Non ti sveglierai domani mattina con una teoria rivoluzionaria in mente, ma sono sicuro che tra non molti giorni inizierai già a sentire gli effetti positivi del cambiamento sul tuo modo di pensare e di vedere il mondo.

Fantastica

Sapevi che Einstein ha trascorso ore da solo, seduto a pensare, sognando ad occhi aperti e contemplando il mondo circostante? La maggior parte delle persone considera ciò una perdita di tempo, ma quando sogni ad occhi aperti la tua mente crea connessioni tra cose e concetti che normalmente consideri totalmente indipendenti. Sognare ad occhi aperti è come un brainstorming per la mente creativa, quindi lascia che la tua mente vada alla deriva e prova a vedere quali incredibili intuizioni puoi ottenere.

Cerca persone che pensano in modo affine

Il modo migliore per incoraggiare il genio che c'è in te è quello di circondarti di altri geni. Una pressione positiva tra pari produce sempre buoni risultati, quindi circondati di persone che ti spingano ad essere più intelligente, lavorare di più ed essere più creativo. Mettiti in contatto con altri geni e lavora con un mentore che ti aiuti a sviluppare il tuo genio specifico nel modo più efficace.

Pensa

Einstein nutriva un costante sospetto verso la struttura educativa, in particolare verso il modo in cui gli insegnanti gli dicevano: "è così perché lo dico io". È ora di iniziare a pensare da solo, scoprendo i "perché" di tutto. Il pensiero indipendente è la chiave della scoperta, quindi sii curioso e fidati della tua curiosità affinché ti conduca nella giusta direzione.

Educazione variegata

Sapevi che Einstein suonava il violino divinamente? La musica gli ha fornito un altro modo di pensare e lo ha aiutato a diventare creativo nello studio della matematica. Esiste un legame subconscio tra quasi tutti i campi di studio, quindi formati a tutto tondo su una vasta gamma di argomenti. Rimarrai stupito da come l'apprendimento di qualcosa di totalmente nuovo e indipendente possa cambiare il tuo modo di pensare e aiutarti a diventare creativo in tutti i tuoi processi mentali.

Tempo perso

Quanto tempo pensi che Einstein avrebbe trascorso su Facebook o Instagram se fosse vissuto ai nostri tempi? Passava la maggior parte del tempo a lavorare, studiare, sognare ad occhi aperti o praticare il violino. Non dedicare il tuo tempo e le tue preziose risorse cerebrali alle perdite di tempo, e invece tagliale fuori dalla tua vita. Non devi riempire ogni ora della tua giornata di lavoro o di studio, ma invece fai cose che ampliano il tuo cervello – come indovinelli, parole crociate, Sudoku, il cubo di Rubik e altro ancora.

Osserva il mondo intorno a te

Cammina per il mondo e osserva davvero tutto. Guarda come il vento soffia e fa volare un pezzo di carta, osserva il modo nel quale gli alberi si estendono verso il sole, annusa l'odore del tuo cibo preferito. Inizia a dissezionare tutto nella tua mente. Più osservi il mondo che ti circonda, più significato nascosto troverai.

Studia

Vuoi diventare un genio come Einstein? Gran parte del suo tempo è stato impiegato ad affinare le sue abilità matematiche e studiare cose nuove. Se hai il potenziale per essere un genio, studia le materie che fanno parte della tua area di competenza naturale. Ci vogliono ore di studio per diventare un esperto e solo una volta che sei un esperto puoi davvero iniziare a diventare creativo e pensare come un genio! Talenti puri come quelli di Einstein non si trovano regolarmente, ma ciò non significa che tu non debba lavorare per affinare il tuo genio. Tutti possono imparare come Einstein!

Per imparare come lui, sforzati di essere creativo, concentrato e curioso. Questi sono i tre fondamenti sui quali si basa la filosofia di Einstein. E se hai voglia di testare il tuo intelletto, esercitati con uno degli indovinelli di Einstein, appositamente creati per testare il tuo pensiero logico e creativo.

Siamo tutti geni?

Hai mai fatto un test di intelligenza? Se la risposta è no, bé... non farlo. Se la risposta è sì, prova a dimenticarti per un attimo del risultato.

Se pensi che sia impazzito, ti stai sbagliando. Il messaggio che vorrei mandarti, alla fine della lettura di questo libro, è che il genio si nasconde in ognuno di noi. La differenza la fa il saperlo riconoscere e soprattutto coltivare, non tanto la "qualità" o "quantità" del materiale geniale contenuto in ognuno di noi.

Non sono mie convinzioni personali, è la scienza che lo dice: a parità di condizioni mentali e di sviluppo, i bambini possono diventare più o meno brillanti e più o meno capaci a seconda dell'ambiente in cui sono immersi e delle stimolazioni che ricevono. Per questo al giorno d'oggi, per fortuna, si presta tanta attenzione allo sviluppo cognitivo dei bambini e asili e scuole sono diventati ambienti molto stimolanti e dove si cerca di avere numerose attenzioni per la qualità e natura degli stimoli che arrivano ai futuri adulti di domani.

Starai forse pensando: già, ma ormai io sono adulto, quindi la partita è chiusa. Ti sbagli. E anche in questo caso non sono tanto io a dirlo, quanto la scienza: numerosi esperimenti hanno dimostrato che chi possiede un'idea *incrementale* della mente e dell'intelligenza arriva molto più lontano di chi ne possiede un'idea *statica*.

- Idea incrementale: l'intelligenza è qualcosa di plastico, le abilità e le competenze si possono apprendere e continuamente migliorare e affinare tramite esperienza e apprendimento. Il fallimento in un compito non è dovuto alle qualità innate che la persona possiede, quanto alla quantità di formazione che ha ricevuto in quello specifico campo e e all'atteggiamento con cui ha affrontato il compito

- Idea statica: si nasce con una predisposizione per un certo tipo di abilità e con una quantità di intelligenza immutabile. Non si può sovvertire il proprio destino, si è più o meno portati per le diverse abilità e se non si riesce in qualcosa è inutile insistere, vuol dire che non si è predisposti per quella specifica attività. Il fallimento in un compito è da addebitarsi a questa innata predisposizione. Le abilità si possono apprendere solo fino a un certo punto e la quantità di intelligenza che si possiede è fissa

Riesci a vedere le differenze tra questi due approcci? E riesci a immaginare le conseguenze pratiche dell'applicazione di queste due diverse mentalità?

Te lo dico francamente: le conseguenze sono enormi. Einstein stesso lo dimostra. Se avesse creduto in ciò che gli insegnanti e il sistema scolastico sembravano volergli dire... Se si fosse rassegnato a fare l'impiegato tutta la vita... Se non avesse sempre aperto i più svariati libri per acquisire nuove conoscenze, convinto di trovare la risposta ai propri dubbi... Non saremmo qua a parlare di lui.

Albert Einstein era un genio, senza dubbio. Un talento puro. Ma se non avesse fatto niente per assecondare il suo genio, la sua creatività e la sua curiosità, nulla di ciò che ha fatto sarebbe avvenuto. Per quanto riguarda te, il discorso è il medesimo. Stare sul divano a guardare Netflix tutto il giorno può essere piacevole, per una volta. Ma poi ti devi alzare. Devi stimolare la tua mente, accendere la tua curiosità, rimboccarti le maniche e metterti alla ricerca delle risposte di cui hai bisogno.

Per prima cosa, cambia mentalità. Se già non la possiedi, acquisisci una visione incrementale dell'intelligenza e delle abilità. In secondo luogo, fai tutto ciò che è in tuo potere per stimolare quella fantastica mente di cui sei dotato. In questo libro ho cercato di raccogliere una bella quantità di consigli utili e spunti pratici: ora che l'hai letto tutto, non ti resta che applicare. Infine, anche se il consiglio può sembrato scontato – e forse un po' stucchevole – credi in te stesso: torniamo sempre lì, se Einstein non avesse creduto nelle sue "strampalate" (per l'epoca) idee, noi non potremmo oggi godere di tutto il sapere e la conoscenza che ci ha lasciato. E del resto, se non sei tu il primo a credere nel tuo genio, chi altro lo farà secondo te?

Il viaggio verso la genialità è un viaggio lungo ma estremamente appassionante. Stimolare la mente, aprirsi a nuove visioni, lanciarsi in progetti originali possono solo portare buoni frutti. Non c'è nulla da temere nella novità, semmai è da temere la stasi, la ripetizione della stessa vita giorno dopo giorno. Della stessa vita mentale, anche.

Dunque sciogli le briglie alla tua mente, è arrivato il momento di farla correre libera e di godersi il viaggio assieme a lei. Non è mai troppo presto per farlo e... non è mai troppo tardi. Come direbbe Einstein, *"la misura dell'intelligenza è data dalla capacità di cambiare quando è necessario"*.

Il momento è adesso. Ora, è necessario.

Soluzioni degli indovinelli:

1. Indovinello ZEBRA:

Tedesco/ Verde/ Prince/ Caffè/ Pesce

2. Indovinello LIBRI:

Daniella e Mathew Black / Commessi / Trabant/ Rosa/ Mulatka Gabriela/ Eravamo cinque

Victoria e Owen Kuril/ Dottori/ Skoda/ Marrone/ La Commedia Moderna/ Slovacko Judge

Hannah e Stan Horricks/ Agricoltori/ Moskvic/ Bianco/ Dame Commissar/ Mulatka Gabriela

Jenny e Robert Smith/ Magazzinieri/ Wartburg/ Giallo/ Eravamo cinque/ La Commedia Moderna

Monica e Alexander Cermak/ Controllori/ Dacia/ Viola/ Shead Stoat/ Nonno Joseph

Irene e Oto Zajac/ Contabili/ Fiat/ Rosso/ The Seadog/ Shed Stoar

Pamela e Paul Swain/ Shoppers/ Renault/ Verde/ Nonno Joseph/ The Seadog

Veronica e Rick Dvorack/ Insegnanti/ Ziguli/ Blu/ Slovacko Judge/ Dame Commissar

3. Indovinello NAVI:

Nave Spagnola / parte alle 7:00/ trasporta mais / ha un comignolo verde/ va a Port Said

4. Indovinello ORTI:

Hank/ pera/ mela/ ciliegia/ rosa

Sam/ ciliegia/ cipolla/ rosa/ tulipano

Paul/ carote/ gourd/ cipolla/ rosa

Zick/ Aster/ rosa/ tulipano/ giglio

Luke/ pera/ noce/ gourd/ prezzemolo

P.S.: se ancora non l'hai fatto, inquadra il seguente QR Code per scaricare un libro **gratuito** intitolato "I 7 Segreti della Comunicazione Persuasiva".

Una breve guida pratica in grado di darti le conoscenze necessarie per migliorare le tue abilità comunicative, perfettamente complementare al libro che hai appena letto.

Scaricarla è semplicissimo: prendi il tuo smartphone e inquadra questo codice QR con la fotocamera.

Altri libri di Roberto Morelli

MEMORIA SENZA LIMITI: Tecniche di memoria ed esercizi mnemonici per risvegliare il cervello, imparare velocemente e diventare più produttivi

Sapevi che molte persone non sfruttano neanche il 10% del loro potenziale di memoria?

In questo libro imparerai come i migliori maestri di memoria del mondo riescono a concentrarsi a piacimento, ogni volta che vogliono. Dopo averlo letto, sarai in grado di concentrarti <u>davvero</u> sulle tue attività e archiviare e richiamare informazioni utili, raddoppiare la tua produttività ed eliminare sprechi di tempo, stress ed errori sul lavoro.

Insomma, in *"Memoria Senza Limiti"* troverai tutti gli strumenti, le strategie e le tecniche necessarie per migliorare la tua memoria.

Ecco un piccolo assaggio di ciò che scoprirai in questo libro:

- Le cattive abitudini che ti impediscono di ricordare facilmente informazioni importanti

- Come dominare la tua attenzione in modo da concentrarti più a lungo, anche durante situazioni difficili o stressanti

- Le tecniche degli antichi Greci per ricordare tutto quello che vuoi (come lunghi elenchi o informazioni che devi ricordare per i tuoi studi o la tua vita personale) senza scrivere nulla

- Come combinare la tua memoria a lungo termine e quella a breve termine per creare un richiamo istantaneo per esami, presentazioni e progetti importanti

- La tecnica mentale semplice e invisibile per ricordare i nomi senza imbarazzo o ansia sociale

- Come i migliori esperti di memoria del mondo riescono a ricordare qualsiasi informazione a volontà, e come **anche tu** puoi imitarli

- Le migliori strategie per ricordare i numeri, le date, i compleanni, i codici PIN...

- Come utilizzare una mappa mentale per bloccare e collegare centinaia o addirittura migliaia di idee nella tua memoria a lungo termine

- E molto altro ancora!

Hai mai stretto la mano a qualcuno per poi dimenticarti il suo nome subito dopo? O ti è mai capitato di abbandonare una riunione o un appuntamento per poi ricordare un punto chiave che avresti dovuto condividere con gli altri?

Combinando gli insegnamenti degli antichi Greci con pratiche moderne scientificamente provate, *"Memoria Senza Limiti"* ti aiuterà a migliorare la tua capacità di memorizzazione, diventare più produttivo, ed espandere il potenziale del tuo cervello.

Per saperne di più, inquadra il seguente codice QR con la fotocamera del tuo smartphone:

NEURO DISCIPLINA: Tecniche di Biohacking e Neuroscienza per aumentare la tua disciplina, costruire abitudini sane e positive, e sconfiggere la natura impulsiva e distratta del tuo cervello

Pensaci un attimo: sei tu che controlli il tuo cervello... o è lui che controlla te?

Se hai degli obiettivi, sogni o desideri nella vita...

Bhe... ecco la cruda verità: il tuo cervello non è predisposto per raggiungerli. Anzi, ti mette i bastoni tra le ruote. È programmato solo per sopravvivere nel momento presente, proprio come il cervello dei nostri antenati 2000 anni fa.

Se vuoi avere successo, è tempo di sconfiggere questa tendenza primordiale e fare dell'autodisciplina la tua nuova normalità.

Neuro-Disciplina racconta la storia del nostro organo più pericoloso, il cervello, e spiega il motivo per cui siamo predisposti alla pigrizia e alla procrastinazione. La chiave per superare questo problema è comprendere gli imperativi del cervello e lavorare con essi. Biologia e psicologia si uniscono in questo manuale per fornirti consigli pratici, utili, applicabili immediatamente.

Comprendi il tuo cervello. Cambialo. Dagli forma. Padroneggialo.

Ecco un assaggio di cosa troverai all'interno di Neuro Disciplina:

- Come sbloccare la tua massima produttività, ingannando il tuo cervello.

- Il ruolo della dopamina e come possiamo sfruttarla per i nostri scopi, non contro di noi...

- Come costruire una forza di volontà incrollabile, partendo da zero.

- Cosa sono i bias cognitivi e come evitare di cadere nelle loro trappole...

- Come parlare a te stesso e progettare il tuo ambiente per rimanere sempre in pista.

- Come riformulare le tue scuse e analizzare le tue reazioni emotive...

- Come ottenere una mente calma, lucida e brillante, in ogni occasione.

- Come aumentare la tua velocità mentale, pensare più velocemente e prendere decisioni migliori...

Impara a vincere le tue tentazioni, scuse e debolezze.

Costruisci abitudini sane e positive, e sconfiggi la natura impulsiva e distratta del tuo cervello.

La disciplina è qualcosa che tutti possono acquisire. In questo libro troverai consigli, esercizi, informazioni ed astuzie provenienti dai più recenti studi di Biohacking e Neuroscienze. Grazie a questi strumenti, tutti possono allenare la propria forza di volontà, smettere di procrastinare e avere successo nella vita.

Quindi non aspettare altro tempo.

Per saperne di più, inquadra il seguente codice QR con la fotocamera del tuo smartphone: